Die Kapitel

K

W0219065

1 Mauern einer einschaligen Wand

2 Mauern einer zweischaligen Wand

3 Herstellen einer Stahlbetonstütze

4 Herstellen einer Kelleraußenwand

5 Herstellen einer Massivdecke

Copyright Verlag Handwerk und Technik, Hamburg

K

Die Kapitel

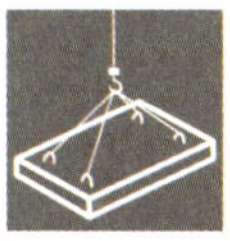

6 Herstellen einer Fertigteildecke

7 Herstellen einer geraden Treppe

8 Herstellen einer gewendelten Treppe

9 Herstellen eines Trägers aus Spannbeton

10 Mauern besonderer Bauteile

Die Kapitel

11 Überdecken einer Öffnung mit einem Bogen

12 Putzen einer Wand

13 Herstellen einer Wand in Trockenbauweise

14 Herstellen von Estrich

Copyright Verlag Handwerk und Technik, Hamburg

Die Kapitel

15 Herstellen einer Stützwand

16 Herstellen einer Natursteinmauer

17 Instandsetzen und Sanieren eines Bauteils

1 Mauern einer einschaligen Wand

Informieren Sie sich im Lehrbuch, Abschnitt 1.1.

Benennen Sie die Abkürzungen der verschiedenen Kalksandsteinarten.

KS	Kalksandvollstein
KS L	Kalksandlochstein
KS Vm	Kalksandvormauerstein
KS Vb	Kalksandverblender
KS – P	Kalksandplanstein
KS – PE	Kalksandplanelement

Erklären Sie, was sich hinter folgender Bezeichnung verbirgt:

DIN 20000-402 – KSL – 12 – 1,2 – 12 DF (240)

Deutsche Industrienorm Bezeichnung 12 MPa (N/mm²) Rohdichte Format

Benennen Sie die Abkürzungen der verschiedenen Mauerziegelarten.

Mz	Vollziegel
HLz	Hochlochziegel
VMz	Vormauerziegel
VHLz	Vormauerhochlochziegel
KMz	Vollklinker
KHLz	Hochlochklinker

Erklären Sie, was sich hinter folgender Bezeichnung verbirgt:

DIN 20000-401 – HLz A – 20 – 1,2 – 3 DF

Deutsche Industrienorm Bezeichnung 20 MPa (N/mm²) Rohdichte Format

Benennen Sie die Abkürzungen der verschiedenen Porenbetonsteine.

PP	Porenbetonplanstein
PPE	Porenbetonplansteinelement

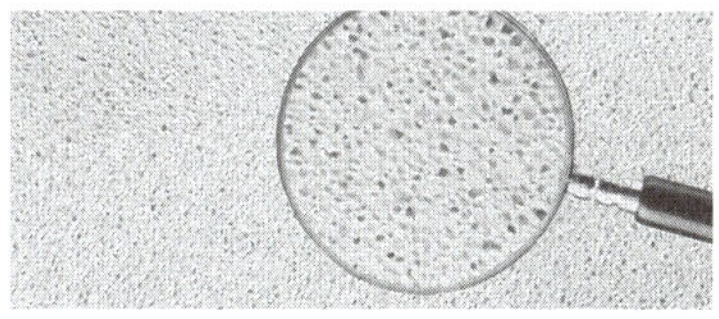

Erklären Sie, was sich hinter folgender Bezeichnung verbirgt:

DIN 20000-404 – PP2 – 0,5 – 490 × 240 × 190

Deutsche Industrienorm Bezeichnung Festigkeitsklasse 2 Rohdichte Format

Benennen Sie die Abkürzungen der verschiedenen Mauersteine aus Beton.

HBL	Hohlblockstein
V	Vollstein
VBL	Vollblöcke

Erklären Sie, was sich hinter folgender Bezeichnung verbirgt:

DIN 20000-403 – V6 – 1,2 – 3 DF

Deutsche Industrienorm Bezeichnung 6 MPa (N/mm²) Rohdichte Format

Name: ____ Klasse: ____ Datum: ____

Copyright Verlag Handwerk und Technik, Hamburg

1 Mauern einer einschaligen Wand

Mauermörtel

Informieren Sie sich im Lehrbuch, Abschnitt 1.2.

Unterscheiden Sie Mauermörtel nach Art der Herstellung.

Werk-Trockenmörtel

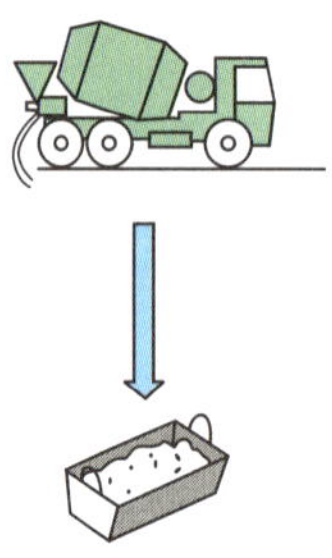

Werk-Frischmörtel

Baustellenmörtel

Welche Mauermörtelarten können nach Art der Herstellung benannt werden?

Leichtmauermörtel Dünnbettmörtel	Leichtmauermörtel	Normalmauermörtel

Beschreiben Sie die Unterschiede zwischen den Mauermörtelarten.

Leichtmauermörtel: porige Zuschläge, für hoch dämmende Steine, keine Sandzugabe
Dünnbettmörtel: für maßgenaue Steine, Fugendicke sehr gering
Normalmauermörtel: für die erste Lage (Ausgleichsfuge), für Sichtmauerwerk

Wie verändert sich mit der Zunahme von Zement und gleichzeitiger Abnahme von Kalk die Eigenschaft der Mörtel?

Tragen Sie die richtige Bezeichnung ein
(elastischer - steifer - druckfester - größer - kleiner - poröser).

Mit der Zunahme von Zement und der Abnahme von Kalk wird der Mörtel druckfester

Mit der Zunahme von Kalk und der Abnahme von Zement wird der Mörtel elastischer

Ordnen Sie den Mörtelgruppen/-klassen eine typische Verwendung zu.

I/M1	II/M2,5	IIa/M5	III/M10	IIIa/M20
Kalkmörtel	Kalkzementmörtel	Kalkzementmörtel	Zementmörtel	Zementmörtel
für Wände min. 24 cm breit, max. zwei Geschosse	verwendbar für alle Mauerwerkswände, außer für bewehrtes Mauerwerk	verwendbar wie Mörtelgruppe II/Mörtelklasse M2,5, nur für höhere Belastungen geeignet	für Gewölbe und bewehrtes Mauerwerk	wie Mörtelgruppe III/Mörtelklasse M10, nur für sehr hohe Belastungen wie für Pfeiler etc.

Name: ____________ Klasse: ____________ Datum: ____________

1 Mauern einer einschaligen Wand

Informieren Sie sich im Lehrbuch, Abschnitt 1.8.

Beschreiben Sie den Unterschied zwischen einem Arbeitsgerüst und einem Schutzgerüst.

Arbeitsgerüst: Das Arbeitsgerüst dient zur Ausführung von Bauarbeiten und zum Lagern von Maschinen und Material.

Schutzgerüst: Schutzgerüste werden unterschieden in Fang- oder Dachfanggerüste und dienen dem Schutz von Personen vor dem Absturz oder als Schutzdächer zum Schutz von Personen vor herabfallenden Gegenständen.

Gerüstbauarten werden nach dem Tragsystem und der Ausführungsart unterschieden.
Bezeichnen Sie die Bilder entsprechend.

Auslegergerüst

Konsolgerüst

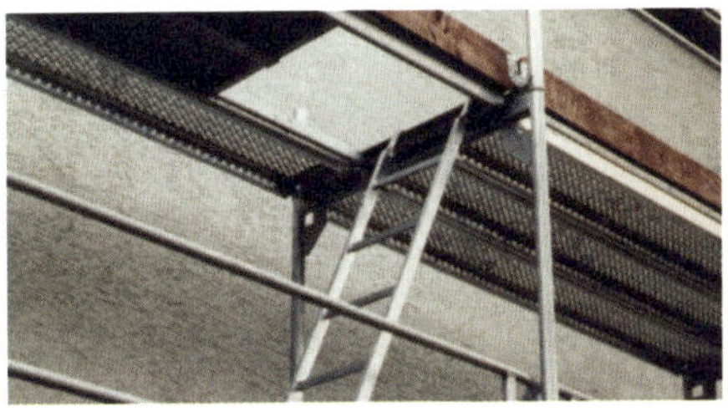

Rahmengerüst

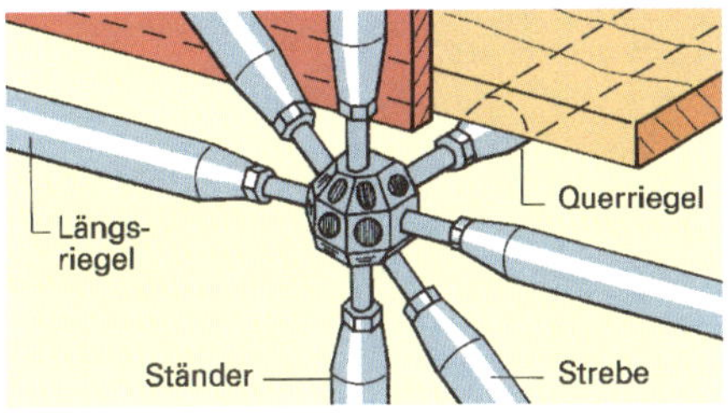

Stahlrohrkupplungsgerüst

Kreuzen Sie die jeweils richtige Antwort an.

richtig	falsch	
⊗	○	Jedes Gerüst ist vor Betreten auf seine Standsicherheit zu überprüfen.
○	⊗	Auf den Gerüsten der Lastklassen 4 ... 6 dürfen keine Materialien und Werkzeuge gelagert werden.
⊗	○	Auf Gerüsten muss konzentriert und ruhig gearbeitet werden. Hektik ist zu vermeiden.
⊗	○	Nur absolut schwindelfreie Personen dürfen Gerüste betreten.
○	⊗	Alkohol darf auf Gerüsten nur in geringen Mengen konsumiert werden.
⊗	○	Vorsicht ist keine Feigheit und Leichtsinn kein Mut

Name: ______ Klasse: ______ Datum: ______

Copyright Verlag Handwerk und Technik, Hamburg

1 Mauern einer einschaligen Wand

Gerüste II

Informieren Sie sich im Lehrbuch, Abschnitt 1.8.

Gerüste müssen ausgesteift werden, um die Lasten sicher ableiten zu können. Dies geschieht durch:

- Diagonalen
- Rahmen
- Verankerungen

Zeichnen Sie in die nachfolgende Abbildung die fachgerechte Verstrebung ein.

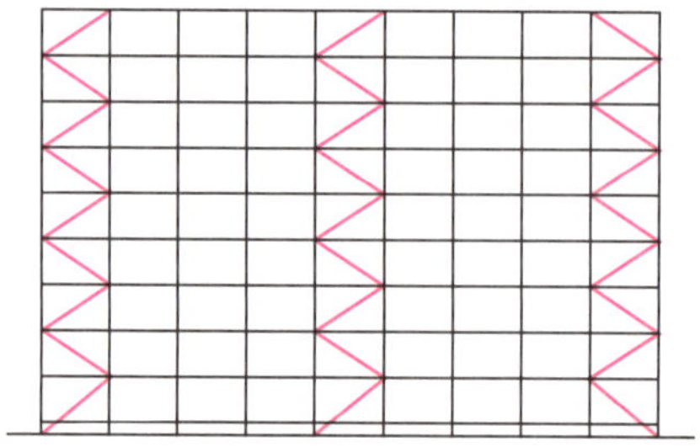

Arbeitsgerüste sind in sechs Lastklassen eingeteilt. Ordnen Sie folgende Begriffe den Lastklassen zu: *Malerarbeiten, Mauerarbeiten für normales Mauerwerk, Putzarbeiten, Kontrollarbeiten, Betonierarbeiten mit starker Gerüstbeanspruchung*

Lastklasse 1	Kontrollarbeiten
Lastklasse 2	Malerarbeiten
Lastklasse 3	Putzarbeiten
Lastklasse 4	Mauerarbeiten für normales Mauerwerk
Lastklassen 5 + 6	Betonierarbeiten mit starker Gerüstbeanspruchung

Bringen Sie die Bilder in die richtige Reihenfolge.

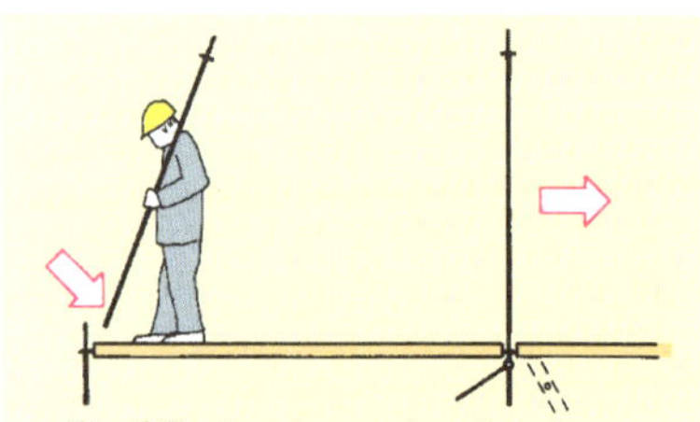

(3) Ständerrahmen der nächsten Gerüstlage aufstellen

(2) Rahmentafeln einhängen

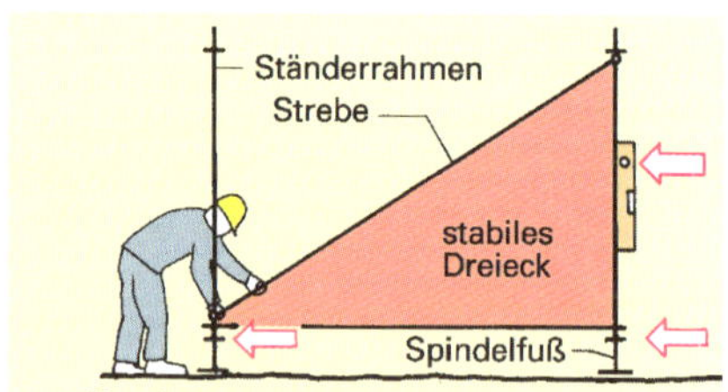

(1) Ständerrahmen auf Spindeln ausrichten, verstreben

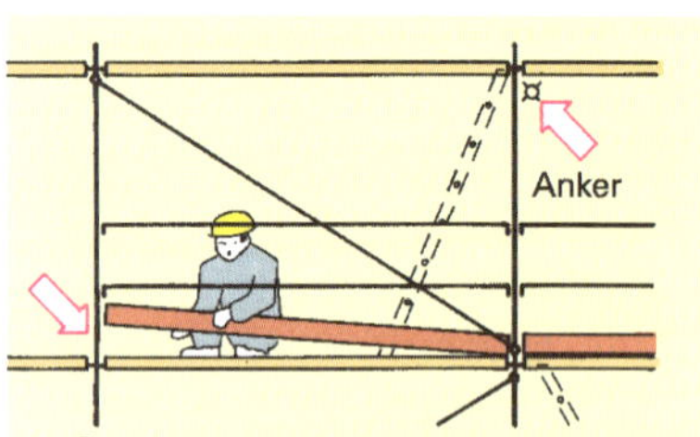

(6) Seitenschutz einstecken, Verankerung anbringen

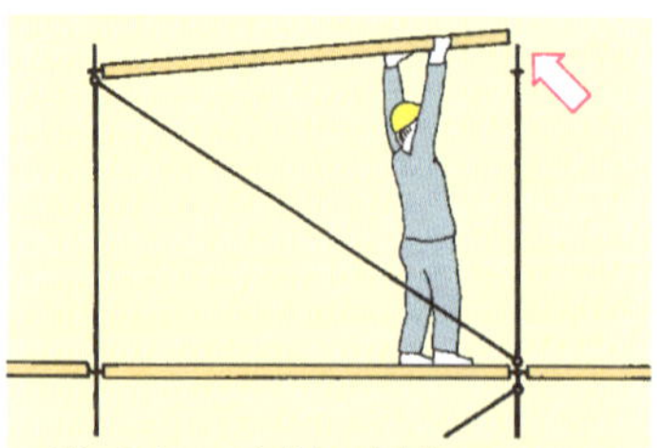

(5) Rahmentafeln einhängen

(4) Ständerrahmen verstreben

Name:	Klasse:	Datum:

1 Mauern einer einschaligen Wand

Informieren Sie sich im Lehrbuch, Abschnitt 1.9.

Berechnen Sie den Bedarf an Mauersteinen und Mörtel für die Außenwand (Hochlochziegel 6 DF) der Garage.

$A_{①+②}$ =

(2,75 m + 3,25 m)/2 · 5,51 m · 2 = **33,06 m²**

$A_{③}$ = 2,75 m · 9,24 m = **25,41 m²**

$A_{④}$ = (3,25 m · 9,24 m) –

(2,76 m · 2,3 m) – (4,76 m · 2,3 m)

= **12,734 m²**

A_{Gesamt} = **71,204 m²**

Tabelle, Buch Seite 48

Steine: 71,204 m² · 22 Stück = **1567 Stück**

Mörtel: 71,204 m² · 26 Liter = **185,3 Liter**

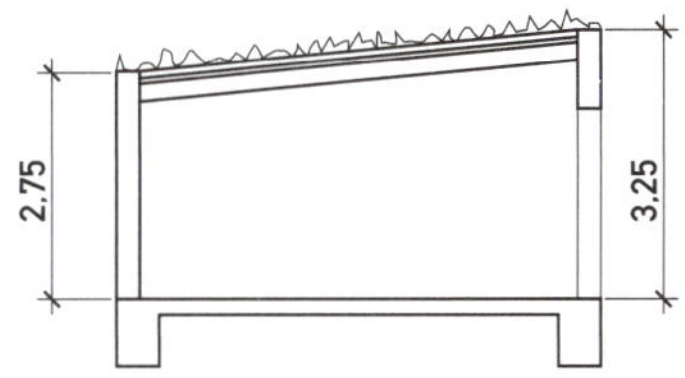

SCHNITT GARAGE

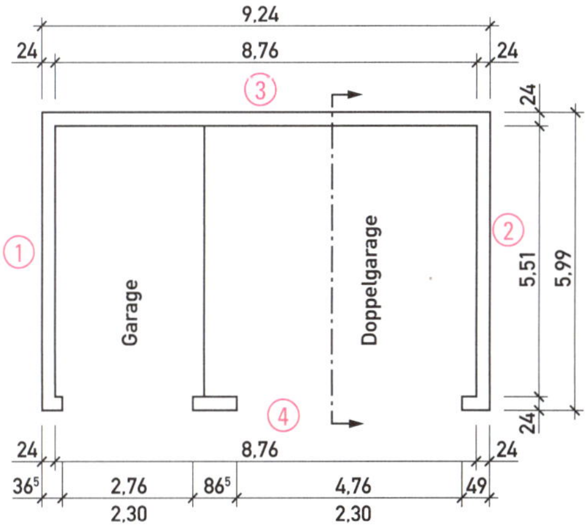

GRUNDRISS

Berechnen Sie, welche Zeit Sie für die Errichtung der Außenwand benötigen, wenn Sie Mauerwerk aus großformatigen Steinen verwenden (für 24er- und 30er-Mauerwerk gelten dieselben Werte).

71,204 m² · 0,58 h/m² = **41,3 h**

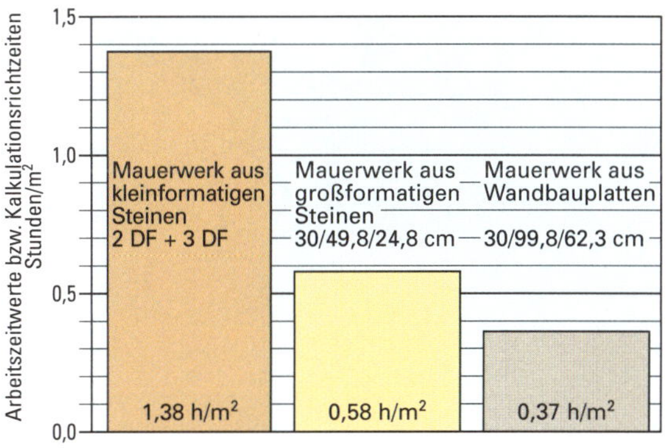

Name: ______ Klasse: ______ Datum: ______

Copyright Verlag Handwerk und Technik, Hamburg

1 Mauern einer einschaligen Wand

Abdichtung

Informieren Sie sich im Lehrbuch, Abschnitt 1.10.

Nennen Sie Beispiele für bahnenförmige und flüssig zu verarbeitende Abdichtungsstoffe.

Bahnenförmige Abdichtungsstoffe	Flüssig zu verarbeitende Abdichtungsstoffe
– Bitumen- und Polymerbitumenbahnen	– Kunststoffmodifizierte Bitumen-dickbeschichtungen (PMBC)
– Kunststoff- und Elastomerbahnen	– Asphaltmastix
	– Gussasphalt
	– Mineralische Dichtungsschlämmen (MDS)

Beschriften Sie die Isometrie.

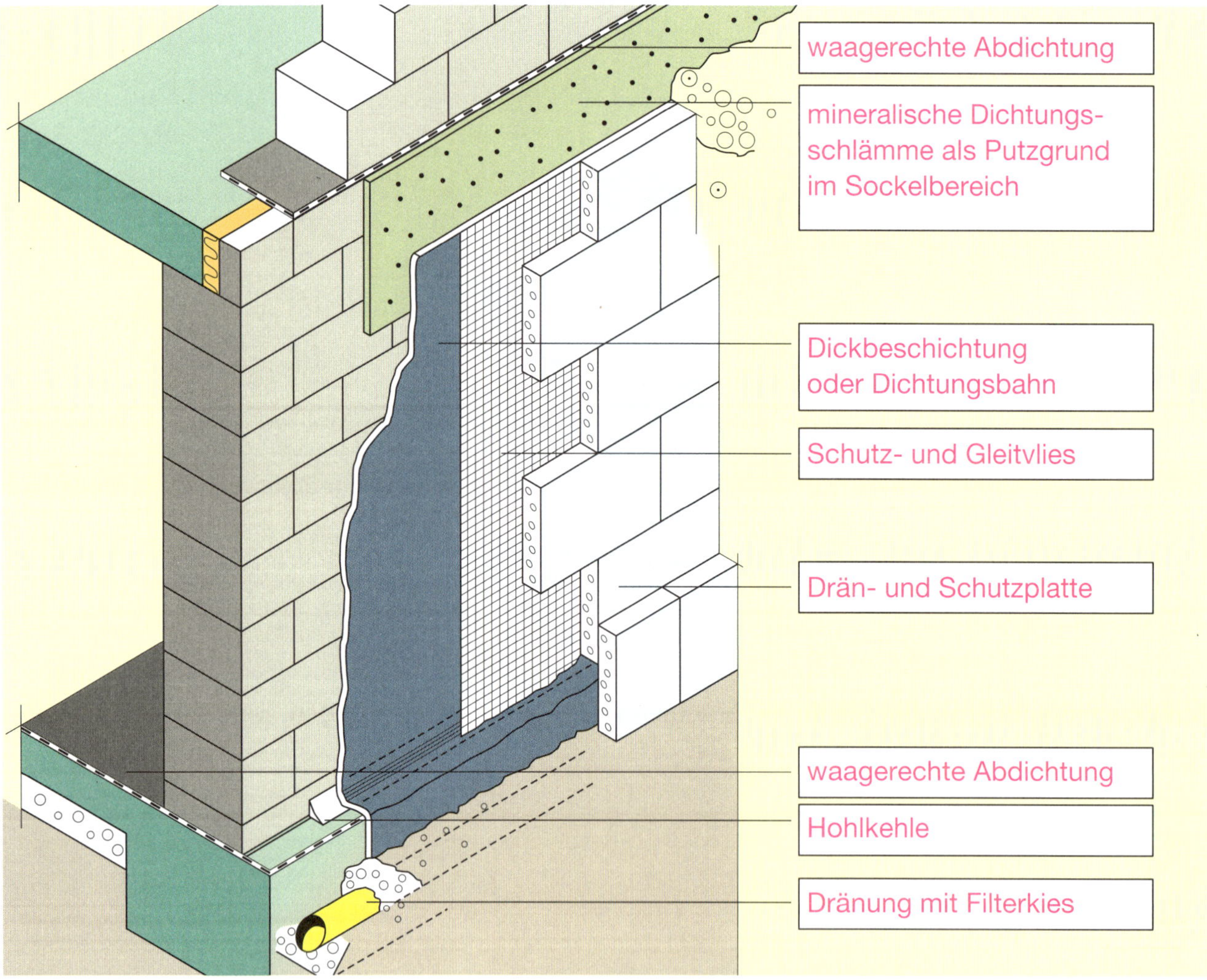

Name: | Klasse: | Datum:

Anforderungen	2 Mauern einer zweischaligen Wand

Informieren Sie sich im Lehrbuch, Abschnitt 2.1.

Zweischaliges Mauerwerk hat, neben der gestalterischen Aufgabe, insbesondere den Anforderungen von Außenwänden Rechnung zu tragen. Erläutern Sie in Stichworten die Anforderungen von zweischaligem Mauerwerk.

Anforderung: Witterungsschutz

Begründung: Schutz vor:

– Wind – Feuchtigkeit

– Temperaturgegensätze

Anforderung: Wärmeschutz

Begründung: Gute Wärmedämmung durch:

– Mauerwerk mit geringerer Dichte

– Mauerwerk mit Vollwärmeschutz

Anforderung: Schallschutz

Begründung: Schutz vor:

– Verkehrslärm – Gewerbelärm

– Fluglärm

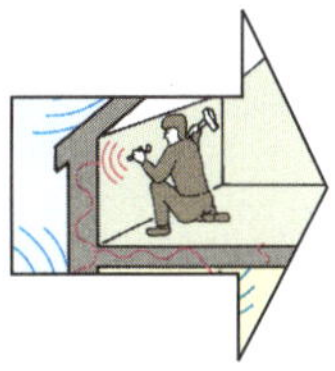

Anforderung: Tragfähigkeit

Begründung: Abtragung/Aufnahme von:

– Dachlasten – Deckenlasten

– Windkräften – Schneelasten

– Nutzlasten

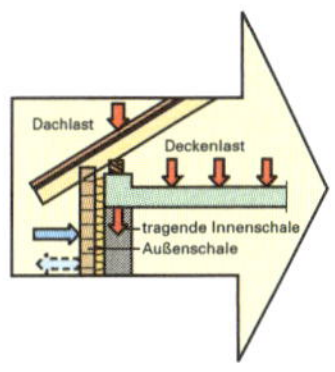

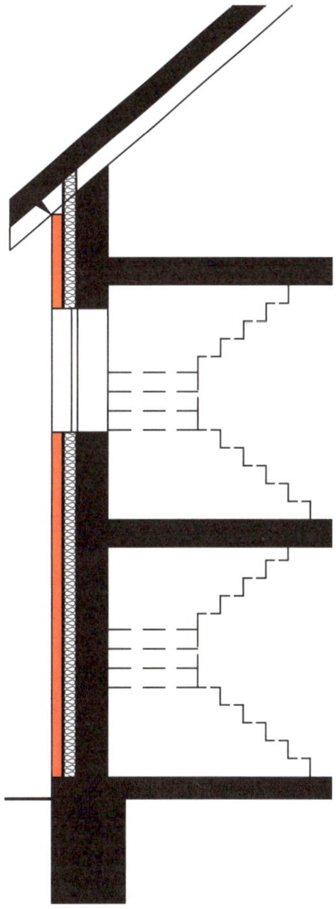

Wie hoch ist das Schalldämmmaß bei einer 24er-Wand aus Porenbeton mit einer Rohdichte von 0,53 kg/dm^3 und einer biegesteifen Schale aus Klinker mit einer Rohdichte von 2,2 kg/m^3?

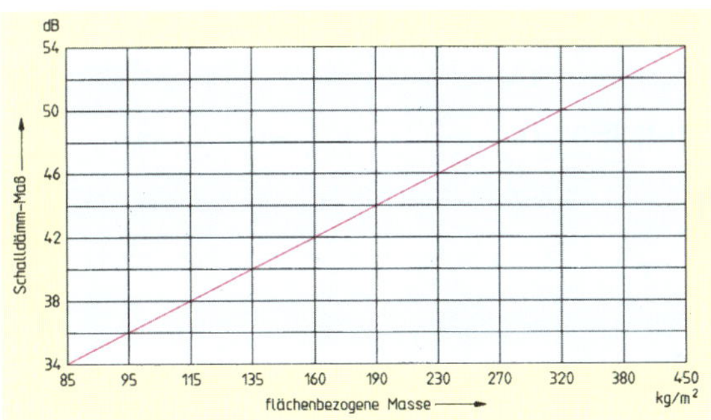

24er-Wand: 1 m^2 ≙ 0,24 m^3

0,24 m^3 · 530 kg/m^3 = 127,2 kg/m^2

Schale: 1 m^2 ≙ 0,115 m^3

0,115 m^3 · 2200 kg/m^3 = 253 kg/m^2

127,2 kg/m^3 + 253 kg/m^3 = 380,2 kg/m^3 → **52 dB**

Wie hoch wäre hier die Wärmeleitfähigkeit?

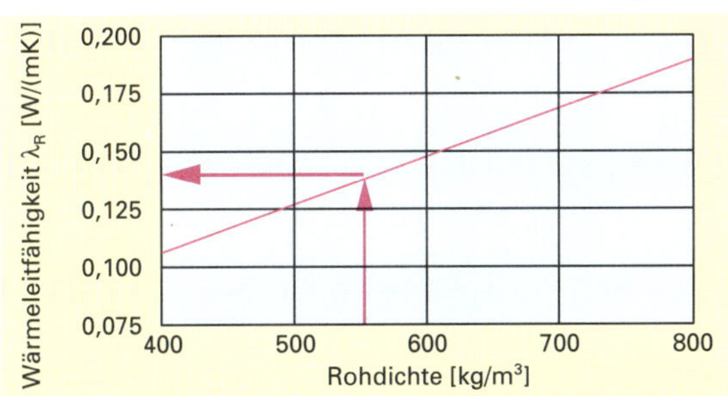

= 530 · 0,125/500 = 0,1325

Die Wärmeleitfähigkeit beträgt 0,1325 W/mk

Name: Klasse: Datum:

Copyright Verlag Handwerk und Technik, Hamburg

2 Mauern einer zweischaligen Wand

Arten

Informieren Sie sich im Lehrbuch, Abschnitt 2.2.

Arten

Welche Arten von zweischaligem Mauerwerk gibt es?

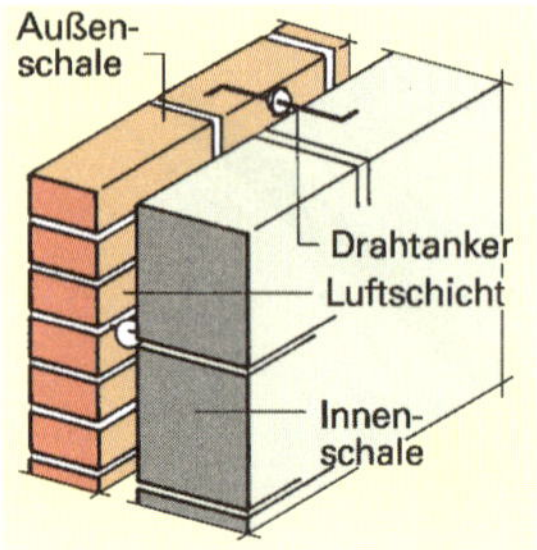

zweischalige Außenwand mit Luftschicht

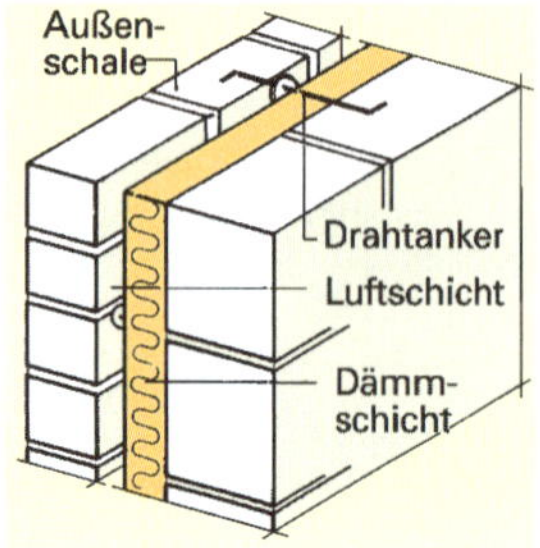

mit Luftschicht und Wärmedämmschicht

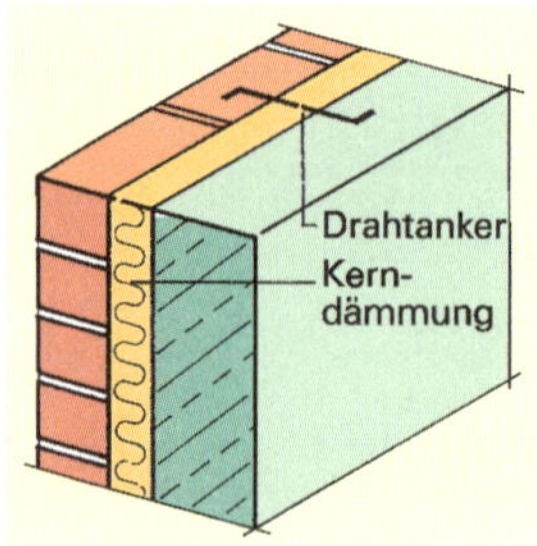

zweischalige Außenwand mit Kerndämmung

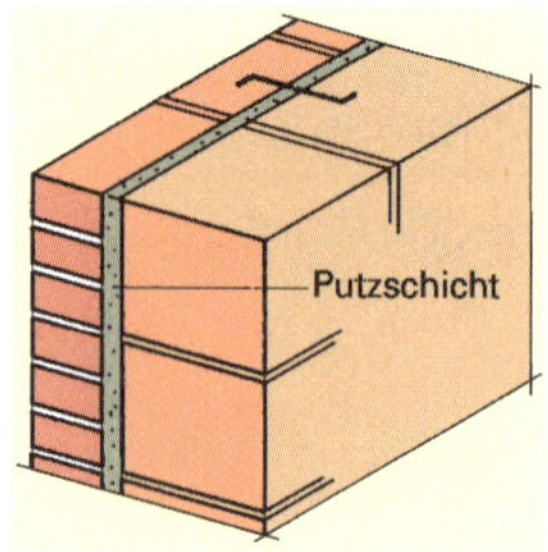

zweischalige Außenwand mit Putzschicht

Allgemeine Regeln

Ergänzen Sie den Text.

Bei zweischaligem Mauerwerk ist die Außenschale nicht tragend.

Die Außenschale ist in der Regel 11,5 cm dick.

Außenschalen, die dünner als 9 cm sind, werden als Bekleidung bezeichnet.

Ist die Außenschale nicht höher als zwei Geschosse, darf sie zu einem Drittel ihrer Dicke hervorstehen.

Die beiden Mauerwerksschalen werden auf jedem m^2 durch mindestens 5 Drahtanker verbunden.

Die Drahtanker müssen mindestens 3 mm dick sein und sind aus nicht rostendem Stahl.

Die Innenschale, die Geschossdecken und der Fußpunkt müssen vor Feuchtigkeit geschützt werden.

Tragen Sie in die nebenstehende Skizze die Verankerungspunkte ein. Die Verblendung besteht aus Dünnformatsteinen.

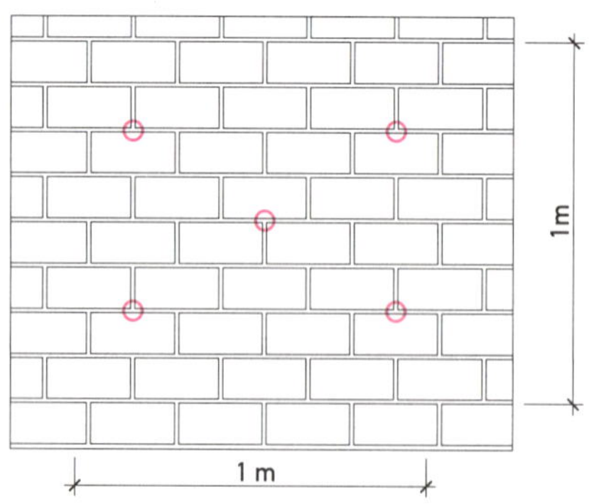

Zweischaliges Mauerwerk mit Luftschicht

Die Luftschichten beim zweischaligen Mauerwerk haben folgende Aufgaben:

1. Kondenswasser der Außenluft zuzuführen
2. eindringende Feuchtigkeit der Außenluft wieder zuzuführen
3. die Verbesserung des Luftschallschutzes durch die Trennung der zwei Schalen
4. Die Wärmedämmung wird trotz Hinterlüftung etwas verbessert.

Name: Klasse: Datum:

Fugen/ Verbände

2 Mauern einer zweischaligen Wand

Informieren Sie sich im Lehrbuch, Abschnitt 2.3.

Fugen

Nennen Sie zwei Verfahren für das Verfugen von Verblendmauerwerk.

1. vollfugiges Vermauern
2. nachträgliches Verfugen

Ordnen Sie folgende Arbeitsschritte in richtiger Reihenfolge.

vornässen bis zur Wassersättigung [4] Verblendflächen trocken vorreinigen [2]

verfugen [5] reinigen mit Wasser, abbürsten mit Wurzelbürste [3]

grobe Verschmutzungen mit Kelle, Spachtel oder Holzbrettchen entfernen [1]

Welche Voraussetzungen müssen beim nachträglichen Verfugen beachtet werden?

- Fugenmörtel soll plastisch sein
- kein zu trockenes Wetter
- keine zu starke Sonnenstrahlung
- kein Wind
- optimal sind Tage mit hoher Luftfeuchtigkeit und geringer Luftbewegung

Die Außenschale von zweischaligen Wänden ist unter anderem starken Temperaturschwankungen ausgesetzt. Dies verursacht beachtliche Bewegungen in der Fassade. Um diese Bewegungen aufzunehmen, werden sogenannte Bewegungsfugen angeordnet.

Wie stark die Bewegung in der Fassade ist, hängt von verschiedenen Faktoren ab. Nennen Sie drei dieser Faktoren.

1. klimatische Bedingungen
2. Himmelsrichtung
3. Farbe der Vorsatzschale (Verblendung)

Verbände

Ordnen Sie den Bildern die Bezeichnungen zu.
Märkischer Verband, Wilder Verband, Läuferverband, Gotischer Verband.

Wilder Verband

Märkischer Verband

Gotischer Verband

Läuferverband

Name:	Klasse:	Datum:

Copyright Verlag Handwerk und Technik, Hamburg

2 Mauern einer zweischaligen Wand

Baustoffbedarf

Informieren Sie sich im Lehrbuch, Abschnitt 2.4.

Auf dem Grundstück unseres Jugendhauses wird ein kleines Hausmeisterhäuschen erstellt. Die Außenwände sollen zweischaliges Mauerwerk mit Dämmung und Luftschicht erhalten. Das Mauerwerk der Innenschale besteht aus Wandbauplatten im Format 24 × 99,8 × 49,8 cm und wird im Dünnbettverfahren erstellt. Die Außenschale besteht aus 11,5er-Vormauerziegeln im Normalformat. Die Befestigung der Vorsatzschale erfolgt mit 5 Drahtankern pro m^2.
Als Dämmung werden Faserdämmplatten in der Abmessung 62,5 × 100 cm verwendet.

Ermitteln Sie für die Ostseite des Gebäudes den Bedarf an

- Wandbauplatten
- Dünnbettmörtel
- Vormauerziegeln
- Drahtankern
- Dämmplatten

Fenster und Türen werden übermessen.

Wandbauplatten:
Wand 1 = 4,49 m · 3,0 m = 13,47 m^2
Wand 2 = [(3,625 m + 5,50 m)/2] · 6,49 m = 29,61 m^2
29,61 m^2 + 13,47 m^2 = 43,08 m^2
43,08 m^2 · 2 Platten/m^2 = 87 Platten

Dünnbettmörtel:
43,08 m^2 · 1,9 Liter/m^2 = 81,85 Liter

Außenschale:
Wand 1 = 4,99 m · 3,0 m = 14,97 m^2
Wand 2 = [(3,625 m + 5,50 m)/2] · 6,99 m = 31,89 m^2
31,89 m^2 + 14,97 m^2 = 46,86 m^2
Abzug: 0,625 m · 3,0 m = 1,875 m^2
46,86 m^2 – 1,875 m^2 = 44,99 m^2
44,99 m^2 · 50 Ziegel/m^2 = 2250 Ziegel

Mörtelbedarf:
44,99 m^2 · 27 Liter/m^2 = 1214,73 Liter

Drahtanker:
44,99 m^2 · 5 Anker/m^2 = 225 Anker

Dämmplatten:
43,08 m^2/(1 m · 0,625 m) = 69 Platten

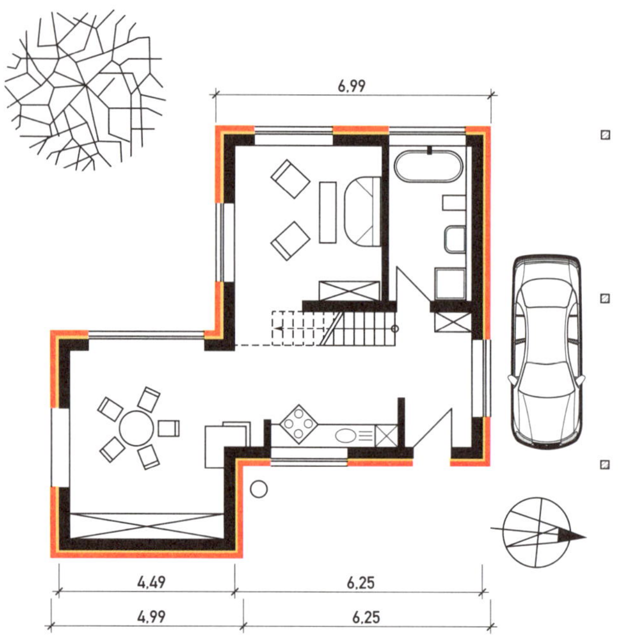

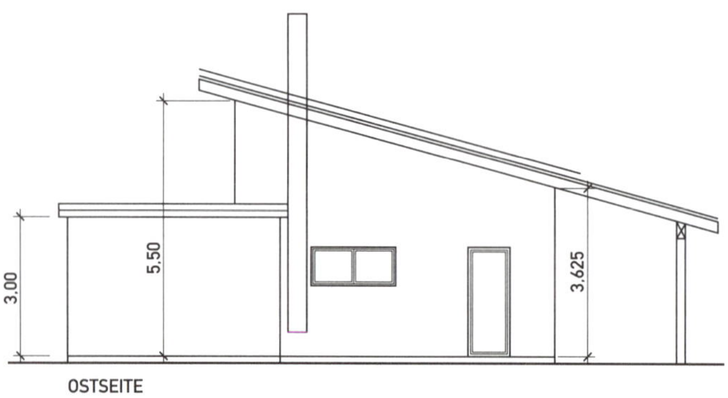

Name: Klasse: Datum:

3 Herstellen einer Stahlbetonstütze

Informieren Sie sich im Lehrbuch, Abschnitte 3.1 und 3.2.

1. a) Zeichnen Sie die Verformung der Randstütze durch extreme Sonnenbestrahlung in den Längsschnitt ein.

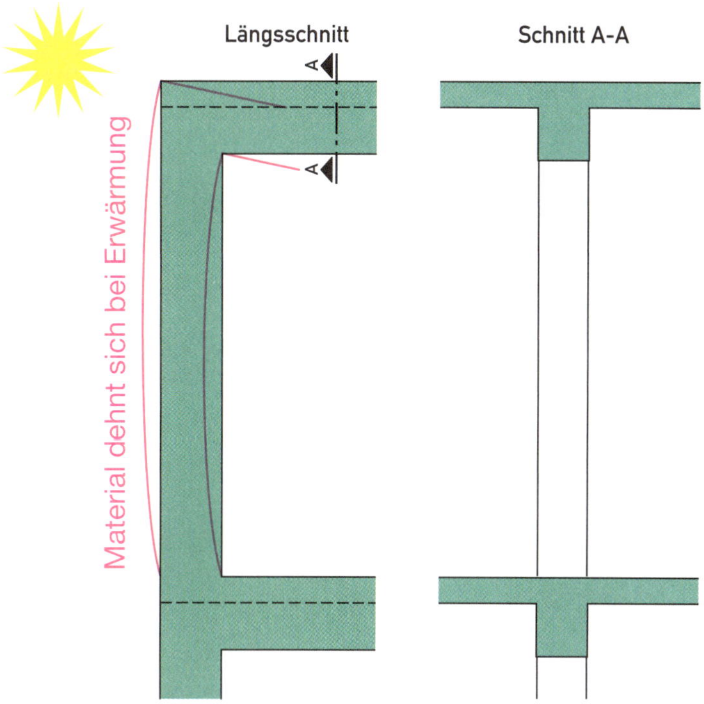

b) Wie wird die Randstütze durch Eigen- und Nutzlasten und als Folge der Sonneneinstrahlung belastet?

außermittig

c) Skizzieren Sie jeweils den Stützenkopf der Stahlbetonstützen im EG und OG des „Jugendtreffs“.

EG:

OG:

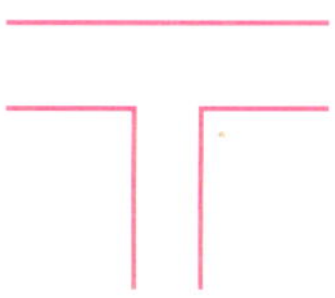

d) Unterscheiden Sie die Krafteinleitung aus der Decke in die beiden Stützen.

EG: Krafteinleitung über den Unterzug in die Stütze (Plattenbalken)

OG: Krafteinleitung direkt von der Decke in die Stütze

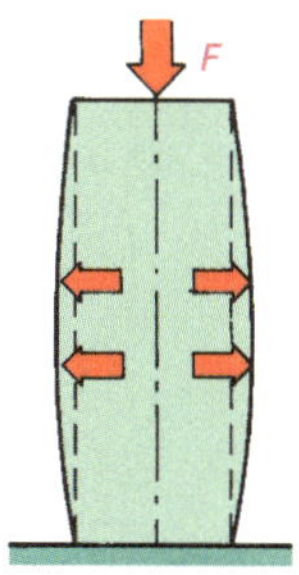

e) Beurteilen Sie die Stützen hinsichtlich der Beanspruchung im Vergleich zu der Randstütze aus a).

mittige Belastung

2. Welche Aufgaben übernehmen die Längsstäbe und die Bügel einer Stahlbetonstütze?

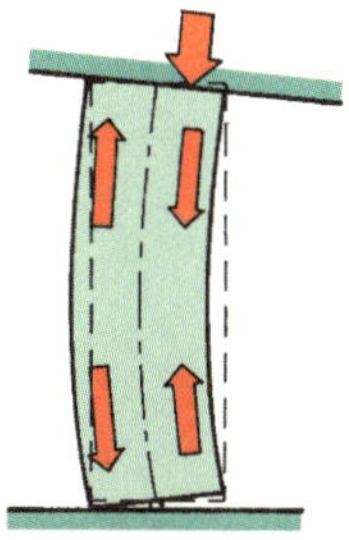

Längsstäbe: Aufnahme von Zugbeanspruchungen und Druckbeanspruchungen in Verbindung mit dem Beton

Bügel: verhindern das Ausknicken der Längsstäbe, sie umschnüren diese

Name: Klasse: Datum:

Copyright Verlag Handwerk und Technik, Hamburg

3 Herstellen einer Stahlbetonstütze

Informieren Sie sich im Lehrbuch, Abschnitt 3.3.

Dargestellt ist ein Ausschnitt einer Stahlbetonstütze über zwei Geschosse.

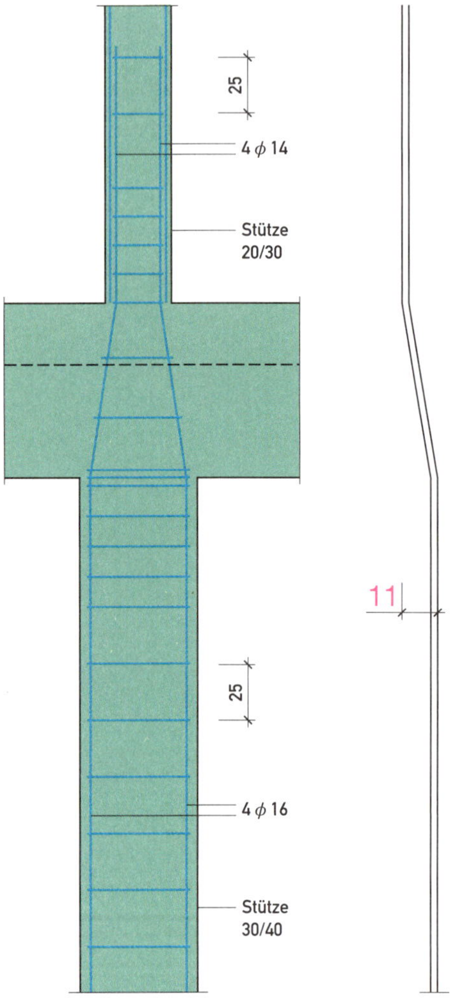

a) Überprüfen Sie, ob die Mindestanforderungen an die Längsbewehrung eingehalten sind:

– Durchmesser: ja, weil ϕ 14 und ϕ 16 größer als Mindest-ϕ 12

– Abstände: ja, weil der Abstand höchstens 30 cm sein darf. Bei Stützen bis 40 cm genügt ein Stab pro Ecke.

b) Bestimmen Sie die Betondeckung c_{nom} für die Expositionsklasse XC1.

– Längsbewehrung: c_{nom} = 30 mm

– Bügel: c_{nom} = 20 mm

c) Geben Sie das Verlegemaß c_v an:

$c_v \geq$ 20 mm

$c_v \geq$ 30 – 6 = 24 mm ⇒ gewählt: c_v = 2,5 cm

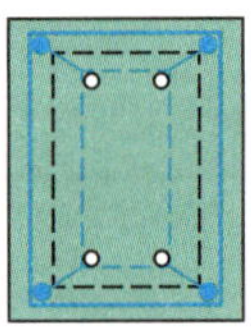

Bü ϕ 6
l = 0,95 m

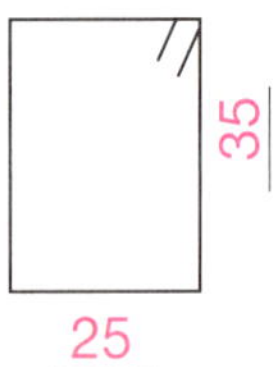

Bü ϕ 6
l = 1,35 m

d) Ergänzen Sie die fehlenden Angaben.

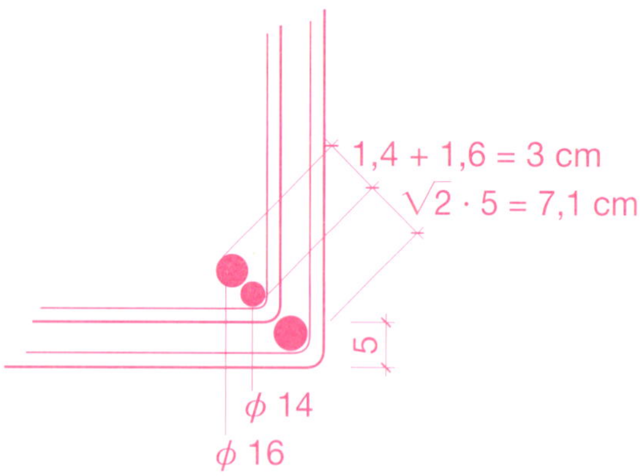

Name: Klasse: Datum:

3 Herstellen einer Stahlbetonstütze

Informieren Sie sich im Lehrbuch, Abschnitt 3.5.

1. Auf dem Foto sind unterschiedliche Stützenschalungen zu sehen. Beschreiben Sie diese und geben Sie deren Vorteile an.

① Trägerschalung aus Schalhaut und senkrechten Schalungsträgern als Unterkonstruktion. Verspannung durch Stahlriegel und Gewindestangen. Geringere Anschaffungskosten.

② Rasterelemente aus Stahl- oder Aluminiumrahmen mit eingebauter Schalhaut aus Sperrholzschalungsplatten. Verspannung durch vorgefertigte Keilsysteme. Schnelle Montage.

③ Schalung besteht aus Karton für Stützen mit rundem Querschnitt. Geringe Masse, leicht zu stellen, kostengünstig, kann Beton vor Kälte und Austrocknung schützen (Nachbehandlung).

2. Warum wird auf derselben Baustelle noch eine weitere Schalungsart verwendet? Geben Sie die Vorteile an.

Rundstützenschalung aus Stahl (Halbschalenelemente) für Sichtbetonstützen. Passgenaue Aufstockung für große Höhen möglich, sodass die Stöße dicht sind. Häufige Einsatzmöglichkeiten.

Name: ____ Klasse: ____ Datum: ____

Copyright Verlag Handwerk und Technik, Hamburg

3 Herstellen einer Stahlbetonstütze

Nachbehandlung, Fertigteilstützen

Informieren Sie sich im Lehrbuch, Abschnitte 3.4 und 3.7.

1. Stützen werden häufig in Sichtbetonqualität hergestellt.
   Begründen Sie eine sorgfältige Nachbehandlung.

   Im Sommer:

   Schutz vor Austrocknung, damit der

   Zementstein seine Festigkeit entwickeln kann

   → keine Schwindrisse.

   Im Winter:

   Schutz des jungen Betons vor Frost,

   damit die Festigkeitsentwicklung nicht

   unterbrochen wird.

2. Bei Stahlbetonfertigteilstützen werden die Fußpunkte oft in Köcherfundamente eingespannt. Bezeichnen Sie die Details und bringen Sie die Fotos durch Nummerierung in die richtige Reihenfolge.

Stützenfuß mit

Trapezleisten geschalt

Verguss des

Köchers mit Beton

eingespannte

Fertigteilstützen

Anlieferung der

Fertigteilstütze

Köcherfundament

aus profilierter

verlorener Schalung

Name: ______ Klasse: ______ Datum: ______

4 Herstellen einer Kelleraußenwand

Informieren Sie sich im Lehrbuch, Abschnitte 4.1 und 4.2.

1. In der Skizze sind die Umfassungswände eines Gebäudes mit horizontaler Belastung (z. B. Wind, Erddruck) dargestellt.

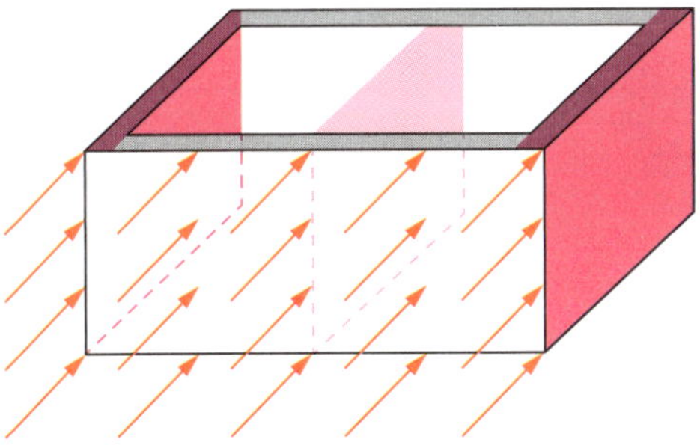

a) Markieren Sie farblich die Wandflächen, die der horizontalen Aussteifung dienen.

b) Durch welche Maßnahme kann die aussteifende Wirkung des Gebäudes verbessert werden? Zeichnen Sie diese Möglichkeit ein.

Einbau einer weiteren Wand

c) Welche Aufgabe übernimmt eine Stahlbetondecke über diesem Geschoss?

Die Decke wirkt als Scheibe und steift das Gebäude aus.

d) Erstellen Sie ein Modell aus Pappe, um Ihre Überlegungen zu überprüfen.

2. Für die Herstellung einer bewehrten Kelleraußenwand aus Ortbeton, $h = 24$ cm, wird pro m^2 (einschließlich Aussparungen) mit 85,50 € kalkuliert.

a) Berechnen Sie die Fläche der Ostwand im Kellergeschoss des Projektes „Jugendtreff“.

$10{,}99 \cdot 2{,}53 - (2 \cdot 1{,}01 \cdot 0{,}76 + 2{,}01 \cdot 0{,}76) = \mathbf{24{,}74\ m^2}$

b) Wie hoch sind die Kosten für diese Wand?

$24{,}74\ m^2 \cdot 85{,}50\ €/m^2 = \mathbf{2115{,}27\ €}$

c) Ermitteln Sie die anteiligen Kosten für

– Schalung	Lohn	2115,27 € · 0,521 = 1102,06 €
	Material	2115,27 € · 0,06 = 126,92 €
– Bewehrung	Lohn	2115,27 € · 0,087 = 184,03 €
	Material	2115,27 € · 0,09 = 190,37 €
– Beton	Lohn	2115,27 € · 0,062 = 131,15 €
	Material	2115,27 € · 0,18 = 380,75 €
		2115,28 € (Rundungsdifferenz)

Siehe dazu Abschnitt 4.2.1 im Lehrbuch.

Name:	Klasse:	Datum:

Copyright Verlag Handwerk und Technik, Hamburg

4 Herstellen einer Kelleraußenwand

Schalungen, Bewehrung

Informieren Sie sich im Lehrbuch, Abschnitt 4.2.

1. Vergleichen Sie den Aufbau einer Trägerschalung mit einer Rahmenschalung.

Rahmenschalung	Trägerschalung
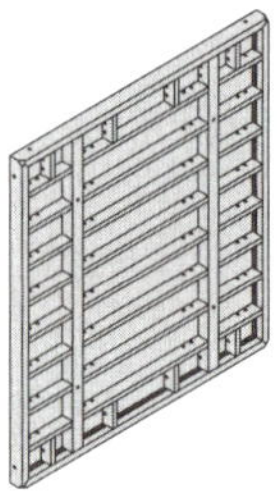 – Stahl- oder Aluminium- rahmen mit fest eingebauter Schalhaut – Schalungsankerstellen sind fest im Element angeordnet – variabel einsetzbar	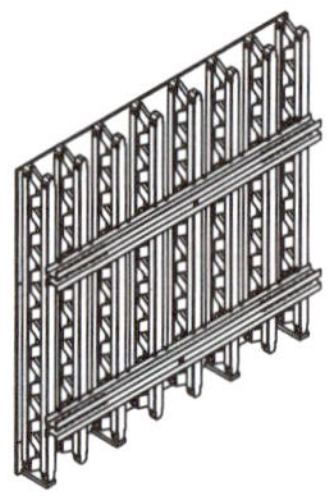 – Schalhaut, Schalhautträger, Gurtung als Element zusammengebaut – Schalungsankerstellen können variabel angeordnet werden – objektbezogene Vormontage

2. Für die Herstellung von Kelleraußenwänden einer Wohnanlage mit mehreren Gebäuden soll überlegt werden, ob eine Systemschalung gemietet werden soll.
   Machen Sie einen Vorschlag für die Mietzeit einer

   – Trägerschalung: ab einer Mietzeit von 5,3 Monaten sind die Kosten geringer als für eine Rahmenschalung

   – Rahmenschalung: bis zu einer Mietzeit von 5,3 Monaten sind die Mietkosten geringer als die Kosten für eine Trägerschalung

   Begründen Sie Ihre Vorschläge nach dem Diagramm im Lehrbuch.

3. Kreuzen Sie an.

Bei Kelleraußenwänden …	Außenseite	Innenseite
… entstehen Zugbeanspruchungen durch Erddruck auf der …	⊗ Einspannbereich	⊗ Wandmitte
… ist eine Anschlussbewehrung aus dem Fundament statisch erforderlich auf der …	⊗	○
… ist eine Anschlussbewehrung in die Stahlbetondecke erforderlich auf der …	⊗	○

Name: ____________ Klasse: ____________ Datum: ____________

Bewehrung, Verdichten	# 4 Herstellen einer Kelleraußenwand

Informieren Sie sich im Lehrbuch, Abschnitt 4.2.

1. Skizzieren Sie die Bewehrung einer Stahlbetonwand.

Detail Randeinfassung:

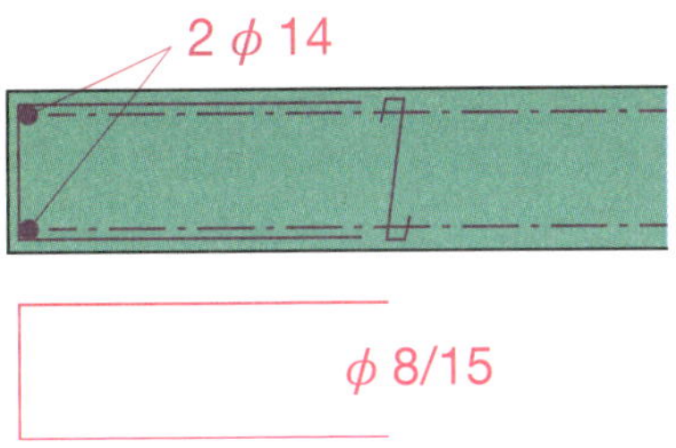

Detail Eckausbildung:

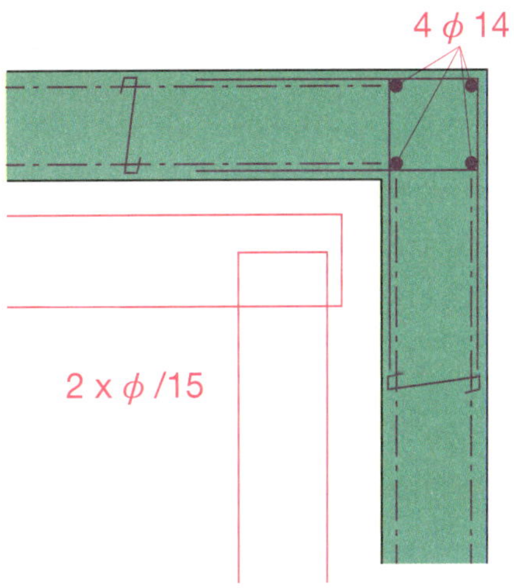

2. Erklären Sie die Wirkungsweise eines Innenrüttlers beim Betonieren einer Kelleraußenwand.

Beim Rütteln werden Schwingungen erzeugt. Diese setzen die innere Reibung zwischen den Gesteinskörnern herab. Eingeschlossene Luft entweicht, Hohlräume füllen sich mit Feinstmörtel.

3. Ergänzen Sie.

Je sorgfältiger die Betonverdichtung,

desto geringer der Porenraum,

desto höher die Betondruckfestigkeit,

desto besser der Rostschutz der Bewehrung,

desto geringer die Wassersaugfähigkeit,

desto besser die Frostbeständigkeit.

Name:	Klasse:	Datum:

Copyright Verlag Handwerk und Technik, Hamburg

4 Herstellen einer Kelleraußenwand

Informieren Sie sich im Lehrbuch, Abschnitt 4.2.

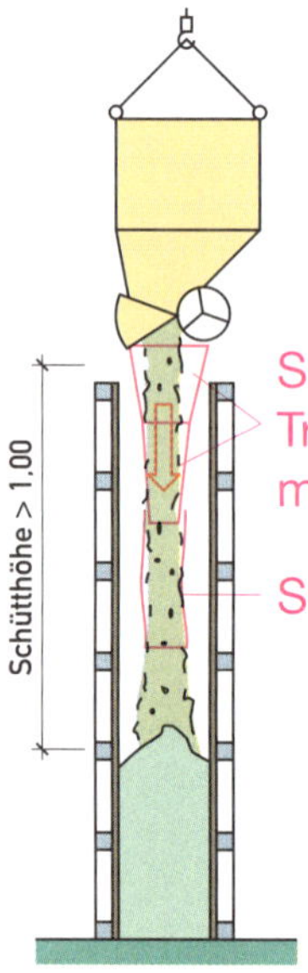

1. Beim Einbringen von Beton in eine Wandschalung ist besondere Sorgfalt geboten.

   a) Welche Probleme treten beim Einbringen in der dargestellten Weise auf?

   Je größer die Fallhöhe des Betons, desto größer ist die Entmischungsgefahr. Die Fallhöhe darf 30 … 50 cm nicht übersteigen.

   b) Machen Sie einen Vorschlag, diese Probleme zu verhindern.

   – Schütt-Trichter mit Fallrohr und Schlauch anwenden

   – Schlauch der Betonpumpe einführen

2. a) Lesen Sie im Diagramm, Abschnitt 4.2.3, des Lehrbuches ab:

	Druckfestigkeit von Beton in MPa (N/mm²) nach		
	7 Tagen	28 Tagen	90 Tagen
ohne Feuchthalten	17	21	22
Feuchthalten bis 7 Tage	26	34	37

b) Um wie viel % verringert sich die Druckfestigkeit des dargestellten Betons im Oberflächenbereich nach 28 Tagen ohne Feuchthalten gegenüber einer Nachbehandlung durch Feuchthalten für die Dauer von 7 Tagen?

34 MPa (N/mm²) = 100 %

21 MPa (N/mm²) = $\frac{100}{34} \cdot 21 = 61{,}8\,\%$ → Verringerung 38,2 %

c) Nennen Sie weitere Möglichkeiten der Nachbehandlung.

– in der Schalung belassen

– mit Folien oder Thermomatten abdecken

– flüssige Nachbehandlungsmittel aufbringen

d) Ergänzen Sie:

Eine sorgfältige Nachbehandlung des jungen Betons ist wichtig, damit er die geforderte Druckfestigkeit und Dauerhaftigkeit erreichen kann.

Name: ____ Klasse: ____ Datum: ____

4 Herstellen einer Kelleraußenwand

Informieren Sie sich im Lehrbuch, Abschnitt 4.3.

1. Ergänzen Sie die Aufgaben der Bestandteile eines Hohlwandelementes für eine Kelleraußenwand.

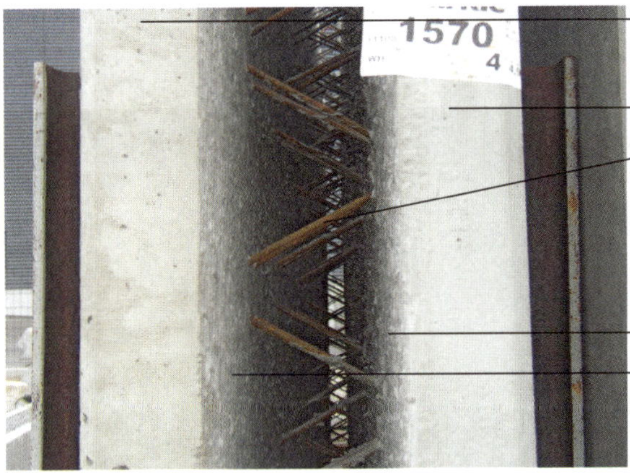

Betonschalen: ersetzen die Schalung, Untergrund für Oberflächengestaltung

Gitterträger: halten Betonschalen auf Abstand, stabilisieren im Transportzustand, nehmen Frischbetondruck auf

raue Oberflächen: gewährleisten Verbund mit dem Ortbeton

2. Kreuzen Sie die richtigen Antworten an.

Hohlwandelemente…

- [ ] müssen geschalt werden
- [x] bewirken kürzere Bauzeiten
- [ ] bringen viel Feuchtigkeit in das Bauwerk
- [ ] brauchen viel Zeit für die Montage
- [x] haben hohe Maßgenauigkeit
- [ ] eignen sich nur für Wohnhäuser
- [ ] sind umständlich zu montieren
- [ ] eignen sich nur für Erdgeschosswände
- [x] haben Sichtbetonqualität
- [x] können mit Aussparungen geliefert werden

3. Skizzieren Sie für eine Kelleraußenwand des „Jugendtreffs“ aus Hohlwandelementen im Maßstab 1:20

a) einen Plattenstoß

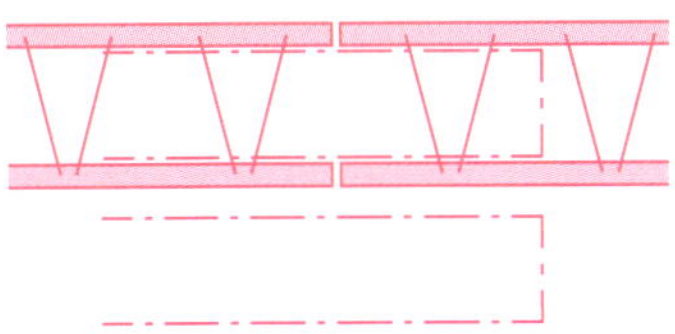

Betonstahlmatte nach Angabe des Statikers

b) einen Eckstoß

Betonstahlmatte nach Angabe des Statikers

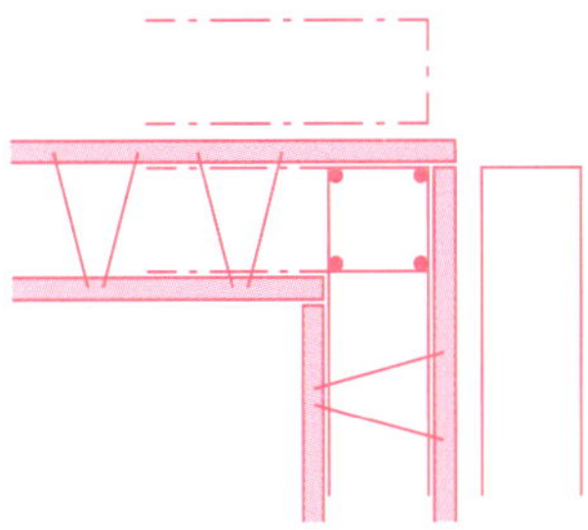

alternativ Betonstahlmatten ← Betonstabstahl nach Angabe des Statikers

Name:

Klasse:

Datum:

Copyright Verlag Handwerk und Technik, Hamburg

4 Herstellen einer Kelleraußenwand

Weiße Wanne, Sichtbeton

Informieren Sie sich im Lehrbuch, Abschnitte 4.4 und 4.5.

1. Auf den Fotos sind drei Einzelheiten bei der Herstellung einer weißen Wanne mit Hohlwandelementen zu sehen.
   Zeichnen Sie in die unmaßstäblichen Skizzen die genannten Details ein und erklären Sie deren Aufgabe.

Fugenblech

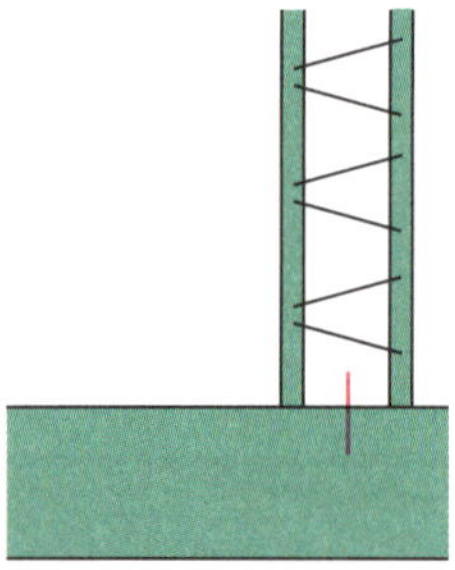

bewirkt Dichtigkeit gegen eindringendes Wasser in der Arbeitsfuge

Anschlussbewehrung

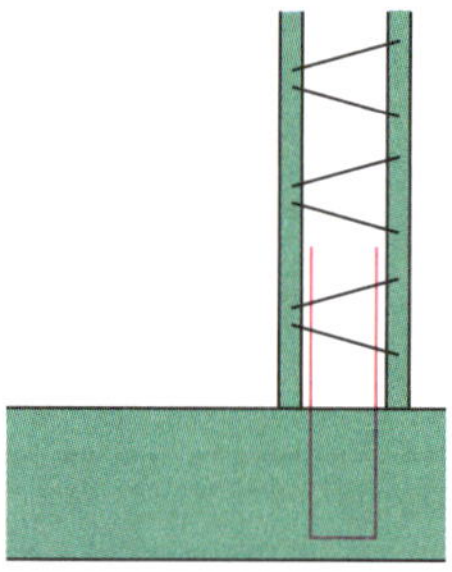

Aufnahme von Erddruck und Wasserdruck an der Einspannstelle Fundament

innen liegendes Dehnfugenband (Horizontalschnitt)

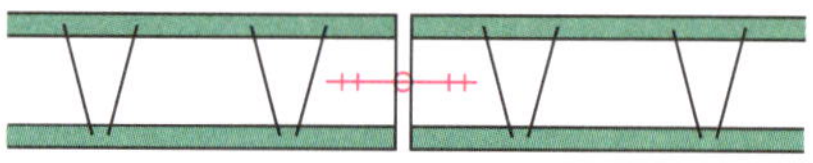

verhindert Wasserzutritt im Bereich einer Dehnfuge über die Geschosshöhe

2. Der Bauherr des „Jugendtreffs" möchte die Wände des Treppenraumes in Sichtbeton gestaltet haben. Er bittet Sie um drei Vorschläge hierzu.

– kunstharzbeschichtete Schalung → glatte Oberfläche

– raue Bretter → Struktur sichtbar

– Schalungsmatrizen → beliebige Struktur

Name: Klasse: Datum:

5 Herstellen einer Massivdecke

Informieren Sie sich im Lehrbuch, Abschnitte 5.1 und 5.2.

1. a) Ordnen Sie den angegebenen Deckenteilen des „Jugendtreffs“ folgende Begriffe zu: *linienförmiges Auflager, punktförmiges Auflager, einachsig gespannt, zweiachsig gespannt*

EG	Besprechung	linienförmige Auflager, einachsig gespannt
	Werken/Labor	linienförmige Auflager, einachsig gespannt
	Garderobe	linienförmige Auflager, einachsig gespannt
OG	Cafeteria	linienförmige Auflager, zweiachsig gespannt
	Küche	linienförmige Auflager, zweiachsig gespannt
	Saal	punktförmiges Auflager + linienförmige Auflager, zweiachsig gespannt
	Vorraum	linienförmige Auflager, einachsig gespannt

b) Könnte die Grundrissgestaltung EG/OG unter statischen Gesichtspunkten ausgetauscht werden? Begründen Sie Ihre Entscheidung.

Geht nicht, denn im Bereich Besprechung/Garderobe würde die tragende Wand auf der Decke über der Cafeteria stehen.

2. a) Begründen Sie die Verwendung von Trennmitteln bei Schalungen.

Trennmittel mindert die Haftung zwischen Beton und Schalhaut, dadurch leichtes Ausschalen möglich, Schalung länger haltbar

b) Interpretieren Sie das Diagramm.

⊗ Es muss darauf geachtet werden, dass die vorgeschriebene Menge an Trennmittel aufgetragen wird.

Zu wenig → es treten viele Mängel auf.

Zu viel → Mängelhäufigkeit nimmt zu.

Saugende Schalung erfordert mehr Trennmittel.

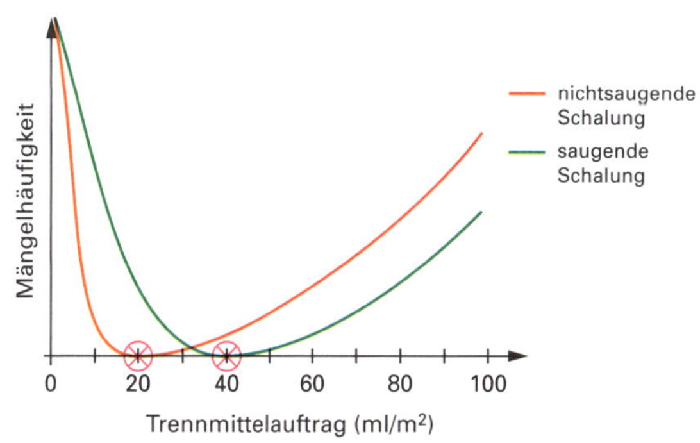

Name: Klasse: Datum:

Copyright Verlag Handwerk und Technik, Hamburg

5 Herstellen einer Massivdecke

Schalungen, Bewehrung

Informieren Sie sich im Lehrbuch, Abschnitte 5.2 und 5.3.

1. Informieren Sie sich über die Arten von Deckenschalungen. Tauschen Sie Ihre Baustellenerfahrungen aus und beschreiben Sie die Schalungen von zwei Baustellen.

z. B.: systemlose Schalung aus Schalungsplatten, Unterkonstruktion aus Joch- und Querträgern (Kanthölzer oder Schalungsträger) und Unterstützung (Stahlrohrstützen)

z. B.: Systemschalung als Modulschalung (Rahmen aus Alu mit Sperrholz-Schalungsplatten) und Aluträger auf Stahlrohrstützen mit Fallkopf

2. a) Erklären Sie: Q257A Q: quadratische Maschenfelder, Tragstäbe in beiden Richtungen 2,57 cm^2/m A: normale Duktilität

R424A R: rechteckige Maschenfelder, Tragstäbe in Längsrichtung 4,24 cm^2/m, Verteilerstäbe in Querrichtung

b) Zeichnen Sie den Querschnitt der Betonstahlmatten im Maßstab 1:25.

Q257A / R424A

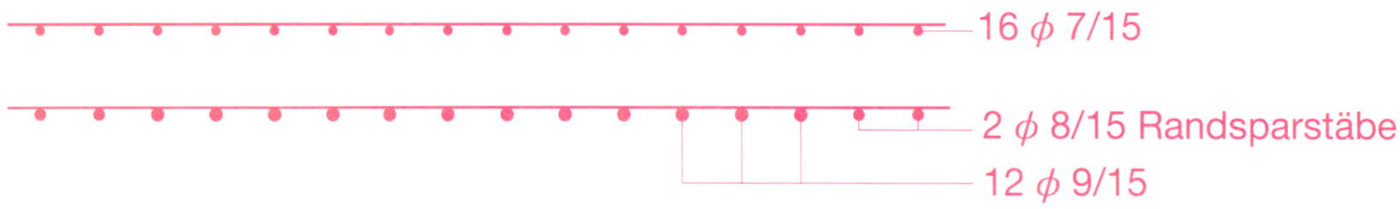

c) Berechnen Sie die Querschnitte der Längsstäbe (mm^2) pro m im mittleren Bereich.

Q257A: ϕ 7 mm: $A = \pi \cdot 3{,}5^2 = 38{,}485\ mm^2$, auf 15 cm 38,485 mm^2,

auf 100 cm $\frac{38{,}485}{15} \cdot 100 = 256\ mm^2$

R424A: ϕ 9 mm: $A = \pi \cdot 4{,}5^2 = 63{,}617\ mm^2$, auf 15 cm 63,617 mm^2,

auf 100 cm $\frac{63{,}617}{15} \cdot 100 = 424\ mm^2$

d) Berechnen Sie die Querschnitte der Querstäbe (mm^2) pro m.

Q257A: ϕ 7/15 → 256 mm^2 (s. oben)

R424A: ϕ 8/25 → $A = \pi \cdot 4^2 = 50{,}265\ mm^2$, auf 25 cm 50,265 mm^2,

auf 100 cm $\frac{50{,}265}{25} \cdot 100 = 201\ mm^2$

e) Skizzieren Sie einen Ein- und einen Zwei-Ebenen-Stoß der R424A im Querschnitt.

Ein-Ebenen-Stoß

Zwei-Ebenen-Stoß

Name:	Klasse:	Datum:

5 Herstellen einer Massivdecke

Informieren Sie sich im Lehrbuch, Abschnitt 5.3.

1. a) Zeichnen Sie die statisch erforderlichen unteren und oberen Bewehrungen in die unmaßstäbliche Prinzipskizze ein. Berücksichtigen Sie dabei, dass die Unterzüge zusammen mit der Decke betoniert werden. Zeichnen Sie auch die Bewehrungen der Unterzüge und die Anschlussbewehrung aus der Wand ein.

——————— Betonstabstahl

-—·—·—·—·—·—·- Betonstahlmatten

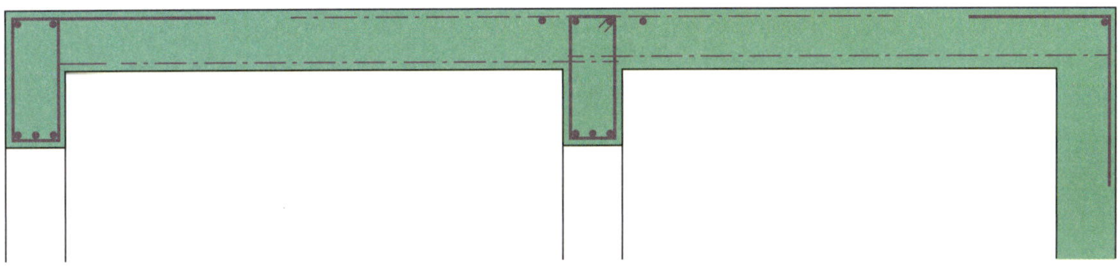

b) Zeichnen Sie die unteren und oberen Bewehrungen in die unmaßstäbliche Prinzipskizze ein. Ergänzen Sie auch die konstruktiven Bewehrungen und die Randeinfassung der Balkonplatte mit Betonstabstahl.

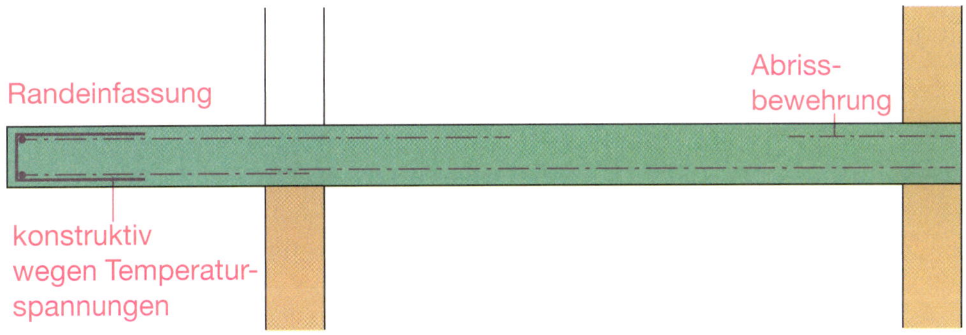

c) Welcher Unterschied besteht zwischen den Bewehrungen im Bereich der rechten Auflager?

obere Bewehrung bei Stahlbetonwand: volle Einspannung, statisch berechnet

obere Bewehrung bei Mauerwerk: konstruktive Einspannung

Name: ______ Klasse: ______ Datum: ______

Copyright Verlag Handwerk und Technik, Hamburg

5 Herstellen einer Massivdecke

Informieren Sie sich im Lehrbuch, Abschnitte 5.3 und 5.4.

1. Weshalb kann eine Bewehrung mit Betonstabstahl bei einer Massivdecke in Ortbeton erforderlich sein?

Für große Spannweiten ist ein großer Stahlquerschnitt erforderlich, der durch Betonstahlmatten oft nicht abgedeckt werden kann.

2. Ordnen Sie die richtigen Aussagen einander zu, indem Sie diese durch Pfeile verbinden.

Die Betondeckung ist abhängig von …	Begründung:
… der Expositionsklasse	Gewährleistung der Dauerhaftigkeit
… der Expositionsklasse	Korrosionsschutz der Bewehrung
… dem Stabdurchmesser	Sichere Übertragung der Zugkräfte in den Beton
… dem Stabdurchmesser	Verbund zwischen Stahl und Beton
… der Qualitätskontrolle	Verringerung im Fertigteilwerk möglich

3. Erklären Sie die Bezeichnung des angegebenen Betons und ordnen Sie die Probekörperformen ① und ② zu.

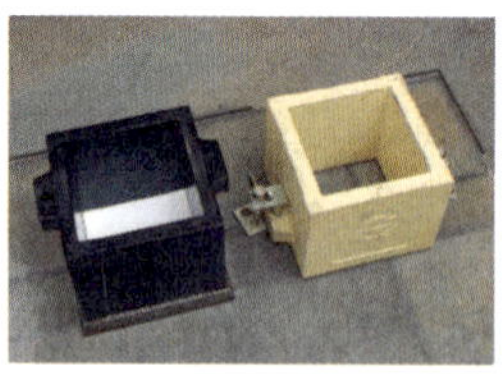

①

②

C 25/30

- 30: Nennfestigkeit in MPa (N/mm^2) nach 28 Tagen eines Würfels ①
- 25: Nennfestigkeit in MPa (N/mm^2) nach 28 Tagen eines Zylinders ②
- C: Concrete (engl.) → Beton

Name: ____________ Klasse: ____________ Datum: ____________

5 Herstellen einer Massivdecke

Informieren Sie sich im Lehrbuch, Abschnitt 5.4.

1. a) Die Konsistenz von Frischbeton wird durch unterschiedliche Verfahren bestimmt. Ordnen Sie die beiden Betone ein.

Ausbreitmaß:

f = 470 mm

Konsistenzklasse:

F 3 weich

Verdichtungsmaß:

c = 1,24

Konsistenzklasse:

C 2 plastisch

b) Ergänzen Sie: Je weicher der Beton, umso besser die Verarbeitbarkeit.

2. a) Ordnen Sie der Decke über EG mögliche Expositionsklassen zu und bestimmen Sie die Betondeckung.

XC 1 im Gebäudeinneren: c_{nom} = 2 cm, XC 3 im Bereich Bögen/Balken c_{nom} = 3,5 cm

b) Bestimmen Sie die Mindestbetonfestigkeitsklasse.

XC 1: C 16/20 XC 3: C 20/25

c) Kreuzen Sie die richtige Antwort an:

◯ Es kann ein Standardbeton eingebaut werden

⊗ Es kann kein Standardbeton eingebaut werden.

Begründung: Standardbeton nur für bewehrte Bauteile bis C 16/20 und X 0, XC 1, XC 2

d) Welches Größtkorn schlagen Sie vor? Begründen Sie Ihre Entscheidung.

Größtkorn 16 mm oder 32 mm. Das Größtkorn sollte nicht größer sein als die Betondeckung.

Name:	Klasse:	Datum:

Copyright Verlag Handwerk und Technik, Hamburg

5 Herstellen einer Massivdecke

Betonverarbeitung, Schutzdächer

Informieren Sie sich im Lehrbuch, Abschnitte 5.4 und 5.6.

1. a) Ergänzen Sie die folgenden Sätze:

   Je geringer der *w/z*-Wert, desto besser die Festbetoneigenschaften.

   Je größer das Ausbreitmaß, desto besser die Verarbeitbarkeit.

   b) Interpretieren Sie folgendes Diagramm für die Eigenschaften von Frisch- und Festbeton bei der Verwendung von Fließmitteln.

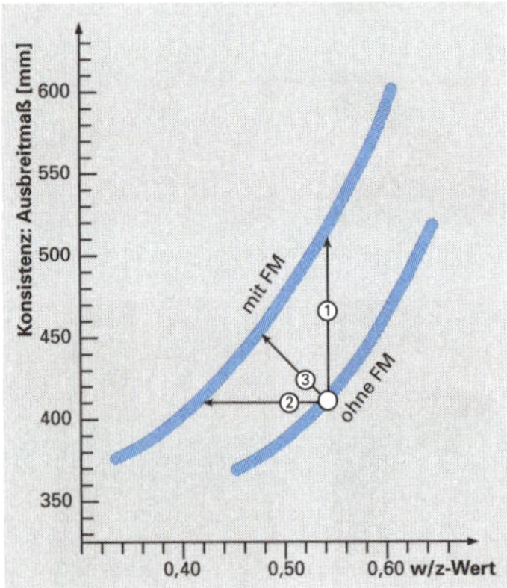

① bei gleichem *w/z*-Wert verbessert sich die Verarbeitbarkeit des Frischbetons

② bei gleicher Verarbeitbarkeit verbessern sich die Festbetoneigenschaften, da kleiner *w/z*-Wert

③ Fest- und Frischbetoneigenschaften verbessern sich bei kleinerem *w/z*-Wert

2. Ergänzen Sie den nachfolgenden Text.

   Gesteinskörnungen werden je nach Größtkorn in Korngruppen eingeteilt.

   Gesteinskörnungen, die durch das Sieb mit 0,063 mm fallen, nennt man Füller.

   Der Kornanteil von 0 … 0,125 mm mit dem Zementgehalt und gegebenenfalls den Betonzusatzstoffen wird als Mehlkorn bezeichnet.

   Zur Beurteilung von Korngemischen dienen Grenzsieblinien mit den Bereichen ① grobkörnig, ③ grob- bis mittelkörnig, ④ mittel- bis feinkörnig und ⑤ feinkörnig. Diese Sieblinien verlaufen stetig.

   Wenn eine oder mehrere Korngruppen fehlen, ist der Verlauf der Sieblinie in diesem Bereich waagerecht, man spricht von ② Ausfallkörnungen.

   Der Kornaufbau eines Korngemisches beeinflusst den Wasseranspruch und damit die Verarbeitung des Frischbetons und die Festbetoneigenschaften.

3. Welche Aufgaben haben Absturzsicherungen im Verlauf des Baufortschrittes?

   Fanggerüste für Arbeiten über 5 m Höhe, wenn kein Arbeitsgerüst vorhanden. Schutzdächer für z. B. Passanten gegen herabfallende Gegenstände.

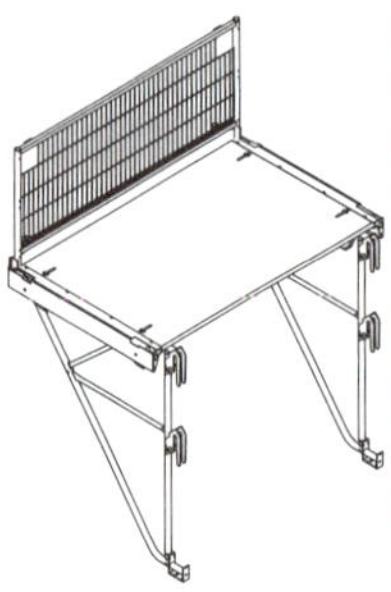

Name: Klasse: Datum:

Werksfertigung, Teilmontagedecken	6 Herstellen einer Fertigteildecke

Informieren Sie sich im Lehrbuch, Abschnitte 6.1 und 6.2.

1. a) Diskutieren Sie Vor- und Nachteile von Fertigteildecken gegenüber Ortbetondecken. Tauschen Sie dabei Ihre Erfahrungen von der Baustelle aus.

   b) Halten Sie die wesentlichen Vorteile schriftlich fest.

   – hohe Maßgenauigkeit der Schalungen, konstante Bedingungen → gleichmäßige Qualität

   – geringer Schalungsaufwand auf der Baustelle

   – baufortschrittsunabhängige Produktion im Werk → kurze Bauzeiten

   – wesentlich weniger Arbeitsgänge auf der Baustelle gegenüber Ortbeton

2. Ergänzen Sie den folgenden Text.

   Bei Fertigplatten mit Ortbetonergänzung sorgen Gitterträger für einen schubfesten Verbund zwischen Deckenelement und Ortbeton. Diese bestehen aus frei liegenden Diagonalen und Obergurten. Sie dienen im Montagezustand auch zur Aussteifung der dünnen Fertigplatte. Die raue Oberfläche der Fertigplatte bewirkt eine gute Verbindung mit dem Ortbeton. Betonabstandhalter gewährleisten eine ausreichende Betondeckung.

3. Kreuzen Sie die richtigen Antworten an.
   Fertigplatten mit Ortbetonergänzung

   - [x] können wie homogene Ortbetonplatten belastet werden
   - [ ] sind nicht so tragfähig wie Massivplatten aus Ortbeton
   - [x] enthalten die untere Tragbewehrung
   - [ ] enthalten die statisch erforderliche untere Querbewehrung von zweiachsig gespannten Platten
   - [ ] enthalten die obere Bewehrung für Durchlaufplatten
   - [ ] können nur einachsig gespannt werden
   - [x] können auch zweiachsig gespannt werden
   - [ ] benötigen immer eine durchlaufende untere Querbewehrung
   - [ ] benötigen immer nur eine Stoßbewehrung

Name:	Klasse:	Datum:

Copyright Verlag Handwerk und Technik, Hamburg

6 Herstellen einer Fertigteildecke

Teilmontagedecken

Informieren Sie sich im Lehrbuch, Abschnitt 6.2.

1. Zeichnen Sie zwei Möglichkeiten der Durchstanzbewehrung bei punktförmig gestützten Platten aus Fertigplatten mit Ortbetonergänzung ein.

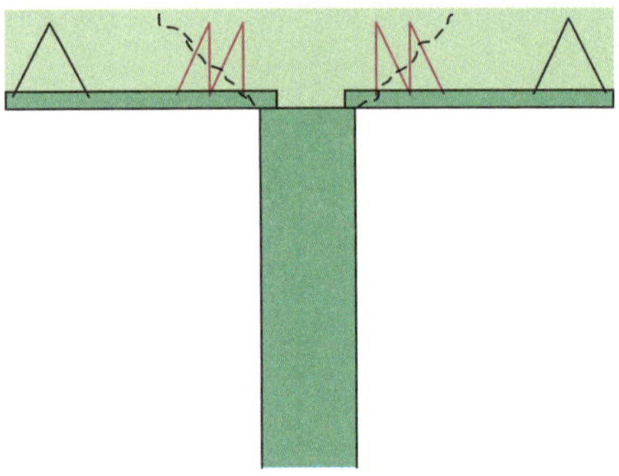

zusätzliche Gitterträger

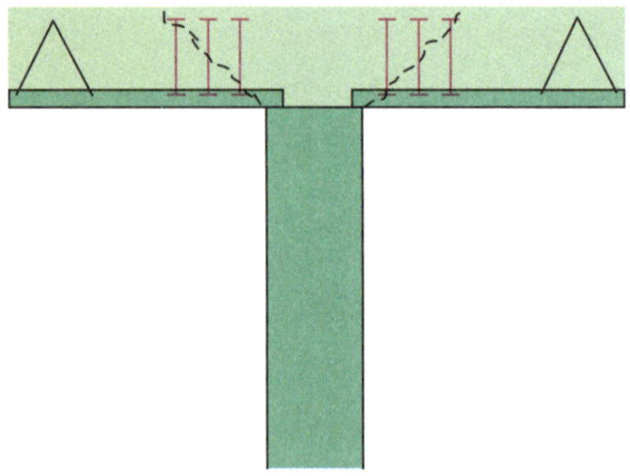

Doppelkopfbolzen

2. Unterscheiden Sie die beiden Decken aus Fertigplatten mit Ortbetonergänzung.

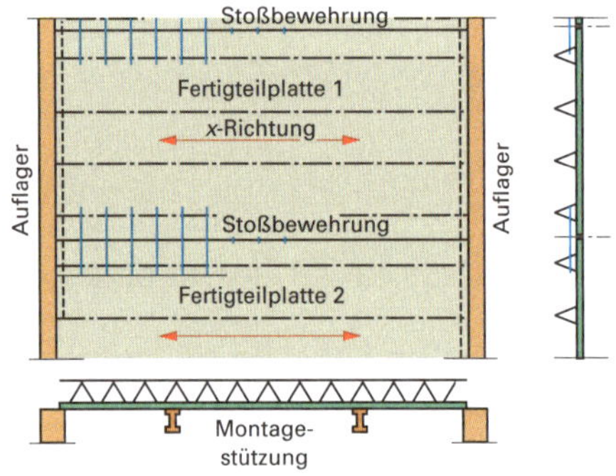

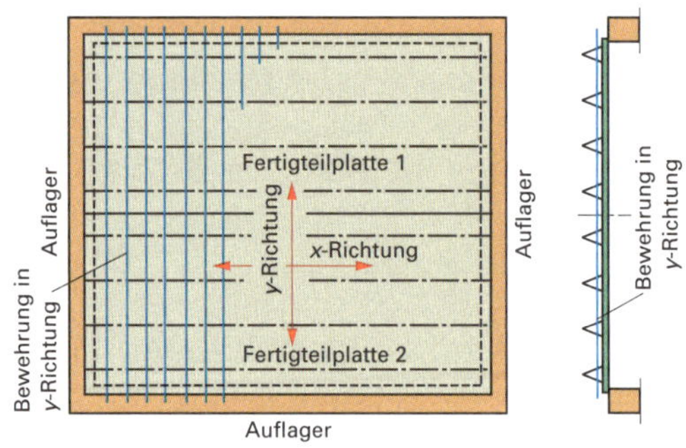

Tragverhalten:	einachsig gespannt	zweiachsig gespannt
Bewehrung in der Fertigplatte:	in Tragrichtung (x-Richtung)	in x-Richtung
Bewehrung auf der Baustelle:	Stoßbewehrung (Betonstab-stahl oder Betonstahlmatten)	statisch erforderliche untere Querbewehrung (Betonstabstahl)

3. Bezeichnen Sie das markierte Detail.

Unterzug als Halbfertigteil

Deckenplatte aus Fertigplatten

mit Ortbetonergänzung

Name: Klasse: Datum:

6 Herstellen einer Fertigteildecke

Informieren Sie sich im Lehrbuch, Abschnitt 6.2.

1. a) Zeichnen Sie den Grundriss des „Jugendtreffs“ im Bereich OG – „Küche/Vorräte“ – im Maßstab 1:50 und ergänzen Sie diesen durch den Verlegeplan für Fertigplatten mit Ortbetonergänzung. Die Endauflager betragen 4 cm.
Die Breite der Platten darf 2,50 m nicht überschreiten.
Im Bereich „Vorräte“ ist die Decke einachsig, im Bereich „Küche“ zweiachsig gespannt.

   b) Ergänzen Sie die Querbewehrung im Plan: Einachsig gespannt ϕ 6/20, zweiachsig gespannt ϕ 12/15.

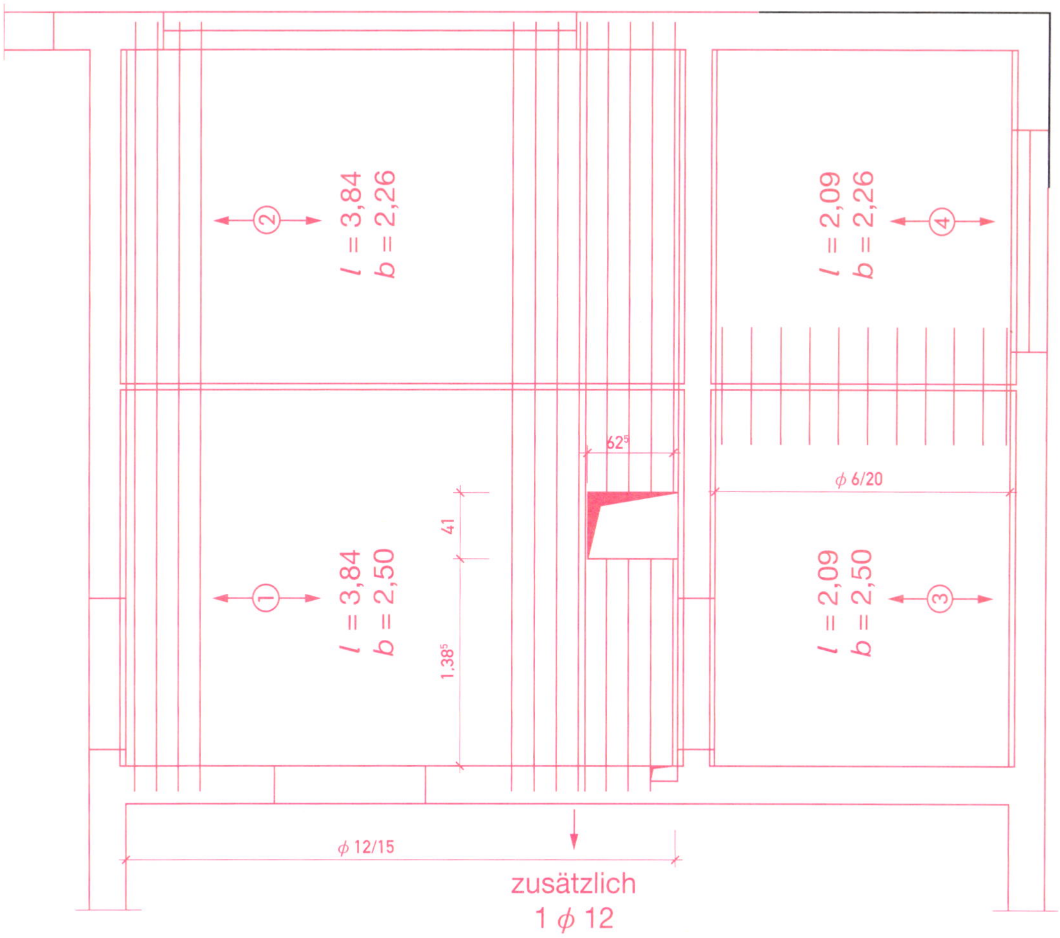

Verlegeplan OG Maßstab 1:50

Copyright Verlag Handwerk und Technik, Hamburg

Name: ______ Klasse: ______ Datum: ______

6 Herstellen einer Fertigteildecke

Teilmontagedecken, Hohlplatten

Informieren Sie sich im Lehrbuch, Abschnitte 6.2 und 6.4.

1. a) Wie viele Montagejoche werden für die Decke aus Fertigplatten mit Ortbetonergänzung, h = 24 cm, benötigt? Zeichnen Sie diese in die unmaßstäbliche Skizze ein.
   Weitere Angaben: h_T = 19 cm, s_T = 40 cm, ϕ 10 (Obergurt).

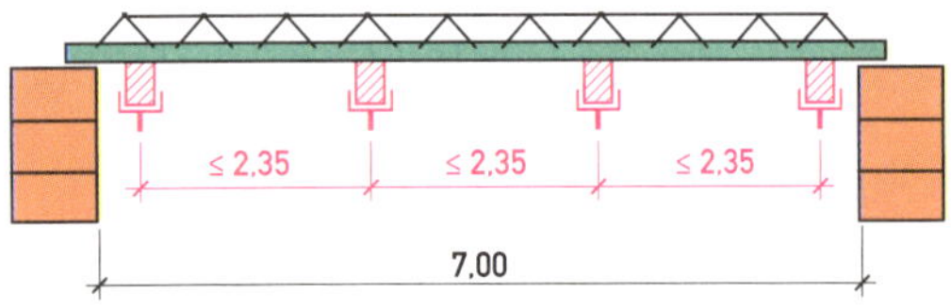

zulässige Montagestützweite 2,35 m

⇒ 4 Montagejoche

   b) Welche Möglichkeit besteht, eine Decke aus Fertigplatten mit Ortbetonergänzung im Montagezustand weiter spannen zu können?

   durch eine Höckerdecke

2. Beschriften Sie das Foto.

Hohlwandelement

Hohlplatten

Verschlusskappen

kraftschlüssige Verbindung

Aussparung im Fertigteil

3. Die großen Spannweiten einer Industriehalle sollen durch eine Plattenbalkendecke überspannt werden. Zeichnen Sie die Spannrichtungen der Decke und der Balken mit Pfeilen in die Prinzipskizzen ein. Beschriften Sie die Maßlinien.

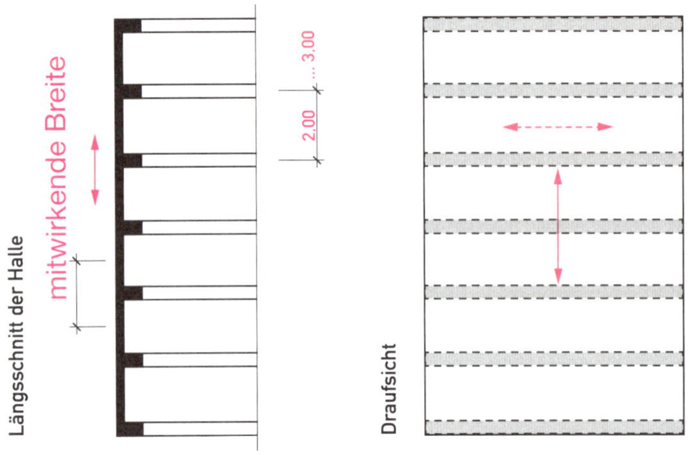

Name:	Klasse:	Datum:

7 Herstellen einer geraden Treppe

Informieren Sie sich im Lehrbuch, Abschnitt 7.1.

1. Ordnen Sie der Treppe die richtigen Begriffe zu.

Lichtwange – Austrittstufe – Laufbreite – Treppenauge – Steigung – Laufplatte – Antrittstufe – Lauflinie – Podest – Wandwange – Auftritt

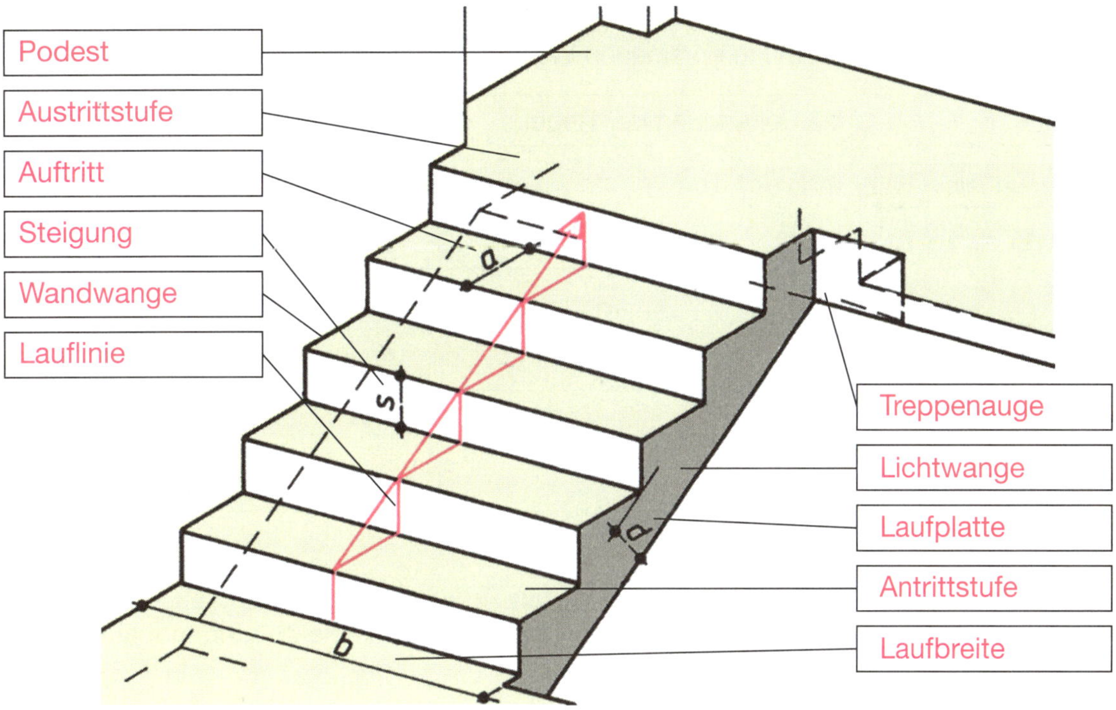

2. Bestimmen Sie für folgende Treppen die Mindestmaße/Maximalmaße nach der DIN 18065.

Treppenart/Bauwerk	nutzbare Treppen-laufbreite (cm)	Steigung (cm)	Auftritt (cm)
Projekt „Jugendtreff“: Haupttreppe im Vorraum	≥ 100 cm	≤ 19 cm	≥ 26 cm
Projekt „Jugendtreff“: Treppe vom Außenbereich zum Raum „Lager, Geräte“ ins Untergeschoss	≥ 50 cm	≤ 21 cm	≥ 21 cm
Einfamilienwohnhaus: Treppe vom Erdgeschoss zu den Kinderzimmern im Dachgeschoss	≥ 80 cm	≤ 20 cm	≥ 23 cm

Name: ______ Klasse: ______ Datum: ______

Copyright Verlag Handwerk und Technik, Hamburg

7 Herstellen einer geraden Treppe

Treppenregeln

Informieren Sie sich im Lehrbuch, Abschnitt 7.1.

1. Der **Auftritt *a*** und die **Steigung *s*** spielen bei der Planung von Treppen eine wichtige Rolle. In der Tabelle sehen Sie die Formeln für drei wesentliche Treppenregeln, wobei die 1. Regel zwingend einzuhalten ist.

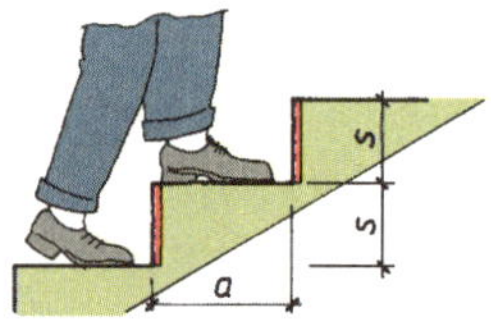

a) Benennen Sie die Treppenregeln.

b) Beschreiben Sie die Regeln mit Ihren eigenen Worten.

		a) Benennung der Regel:	b) Beschreibung der Regel:
①	$a + 2s = 63\,\text{cm}$ $a = 63\,\text{cm} - 2s$	Schrittmaßregel	Maß von zwei Steigungen und einem Auftritt
②	$a + s = 46\,\text{cm}$ $a = 46\,\text{cm} - s$	Sicherheitsregel	Maß von einer Steigung und einem Auftritt
③	$a - s = 12\,\text{cm}$ $a = 12\,\text{cm} + s$	Bequemlichkeitsregel	ein Auftritt abzüglich einer Steigung

2. Die Treppe vom Untergeschoss (UG) zum Erdgeschoss (EG) des Projekts „Jugendhaus" ist hier im Ausschnitt abgebildet.

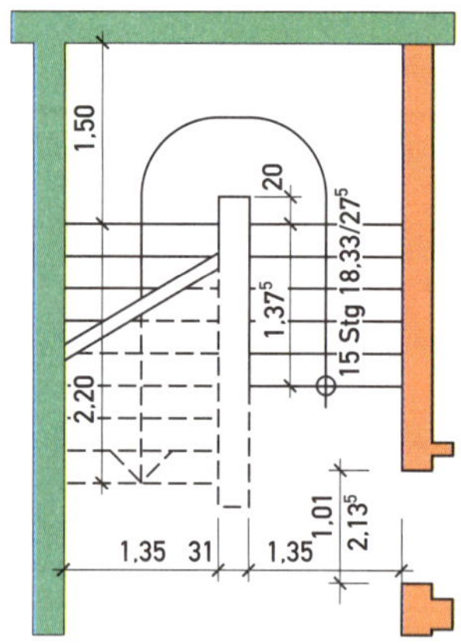

a) Benennen Sie die Treppe nach der Form und Anordnung.

Zweiläufige gegenläufige Treppe mit Zwischenpodest

b) Welche Informationen über die Treppe liefert die Zeichnung?

Anzahl der Steigungen, Steigungshöhe, Auftrittbreite, Treppenlaufbreite

c) Weisen Sie nach, ob die Treppe dem durchschnittlichen Schrittmaß des Menschen angepasst ist.

$2 \cdot 18{,}33\,\text{cm} + 1 \cdot 27{,}5\,\text{cm} = 64{,}16\,\text{cm}$

Ja, denn das durchschnittliche Schrittmaß ist 59 … 65 cm.

d) Begründen Sie, weshalb ein Teil der Treppe vom UG zum EG gestrichelt dargestellt ist.

Die Stufen oberhalb der Schnittebene durch das UG kann man nicht mehr sehen.

Name: ______ Klasse: ______ Datum: ______

Stufenarten, Unterschneidung

7 Herstellen einer geraden Treppe

Informieren Sie sich im Lehrbuch über im Mörtel verlegte Plattenstufen.

a) Erläutern Sie in diesem Zusammenhang den Begriff Unterschneidung.

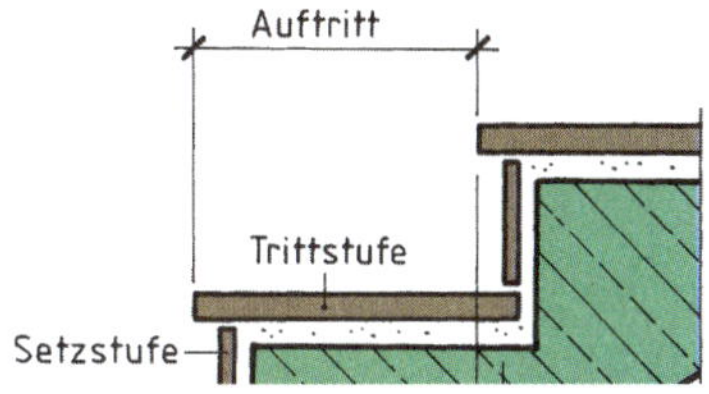

Überstand der Trittstufe über die

Setzstufe

b) Vergleichen Sie die Treppe mit einer Ausführung ohne Unterschneidung. Das Maß der Auftrittbreite soll gleich bleiben. Worin liegt der Vorteil einer Unterschneidung?
Diskutieren Sie Ihre Überlegungen mit Ihrem Nebensitzer/Ihrer Nebensitzerin und formulieren Sie einen Ergebnissatz.

Unterschneidungen vergrößern die nutzbare Auftrittbreite.

Dies ist ein Vorteil bei geringen Auftrittbreiten.

c) Mit welchen Stufenarten (außer den „überschnittenen" Plattenstufen) kann ebenfalls eine Überschneidung ausgeführt werden?
Skizzieren Sie jeweils einen Treppenschnitt (zwei Auftritte, eine Steigung) dieser Stufenart im Maßstab 1:10 mit der geforderten Unterschneidung. Auftritt *a* bzw. Steigung *s* bestimmen Sie mit der Schrittmaßregel.

Stufenart (Bezeichnung):	Angaben:	Skizze der Stufenart 1:10
Keilstufen	Steigung *s* = 17,5 cm Auftritt *a* = ? 63 cm – 2 · 17,5 cm = 28 cm	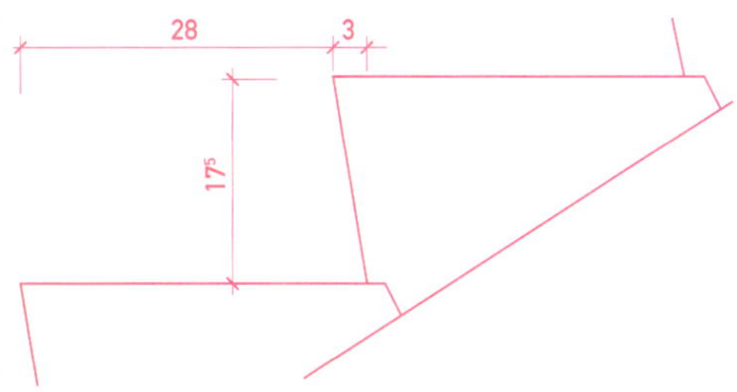 Unterschneidung 3 cm
Winkelstufen	Auftritt *a* = 29 cm Steigung *s* = ? 63 cm – 29 cm = 34 cm 34 cm : 2 = 17 cm	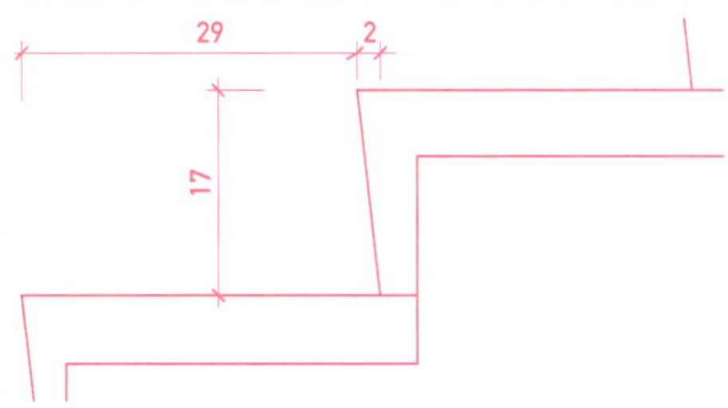 Unterschneidung 2 cm
L-Stufen	Geschosshöhe = 2,80 m Anzahl Steigungen = 17 Auftritt *a* = ? Steigung *s* = ? 280 cm : 17 = 16,5 cm 63 cm – 2 · 16,5 cm = 30 cm	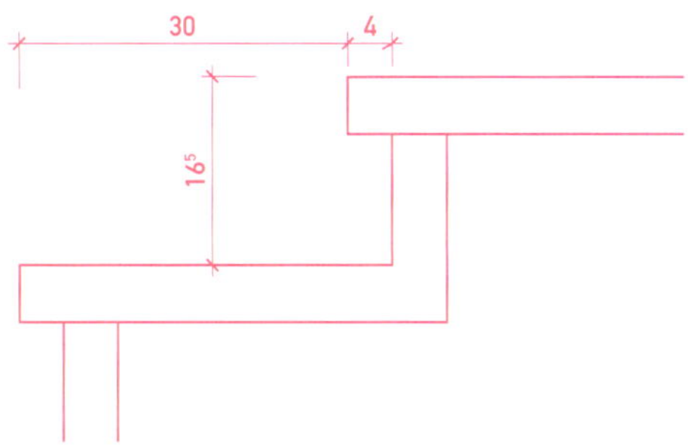 Unterschneidung 4 cm

Name: ________ Klasse: ________ Datum: ________

Copyright Verlag Handwerk und Technik, Hamburg

Informieren Sie sich im Lehrbuch über Stahlbetonfertigteiltreppen, Abschnitt 7.2.5, und den Schallschutz bei Treppen, Abschnitt 7.3.

1. Benennen Sie die dargestellten Stahlbetonfertigteile.

Laufplattentreppe

Lauftrégertreppe

	Begriffe und Hinweise	
	Querbewehrung	→ Laufträgertreppe
	Podestbalken	→ Laufträgertreppe
	Lamellen	→ Laufträgertreppe
Laufplattentreppe ←	Anker	
Laufplattentreppe ←	Podestplatte	
Laufplattentreppe ←	Krankapazität	
	Ortbetonverguss	→ Laufträgertreppe
	Umbau und Sanierung	→ Laufträgertreppe

2. Ordnen Sie die Begriffe und Hinweise mit einem Pfeil sinnvoll den Fertigteilen zu.

3. Ergänzen Sie die Skizzen und beschriften Sie die Bauteile, die zur Vermeidung von Trittschallübertragung notwendig sind.

a) beim Treppenauflager am Podest und b) beim seitlichen Wandanschluss der Treppe

a) Treppenauflager

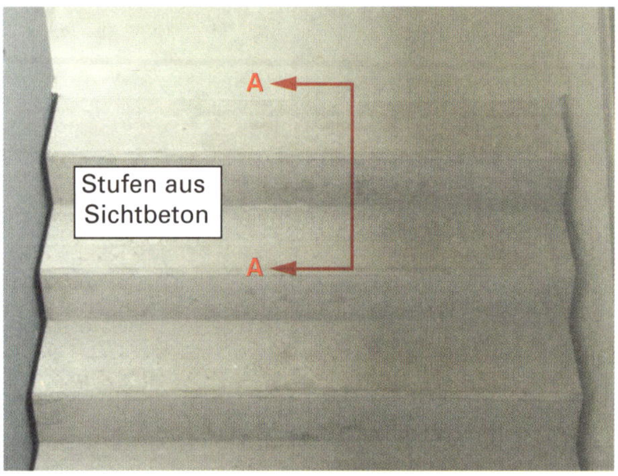

Schnitt A-A am Treppenauflager

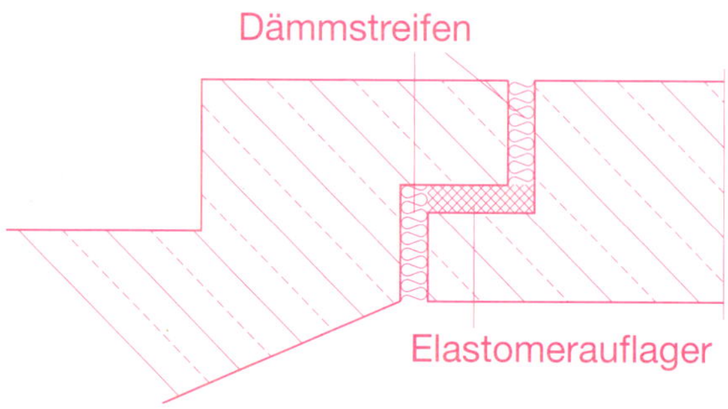

b) Wandanschluss

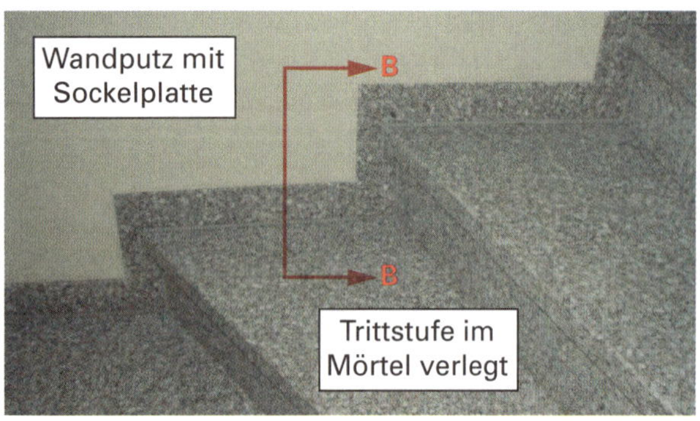

Schnitt B-B am Wandanschluss

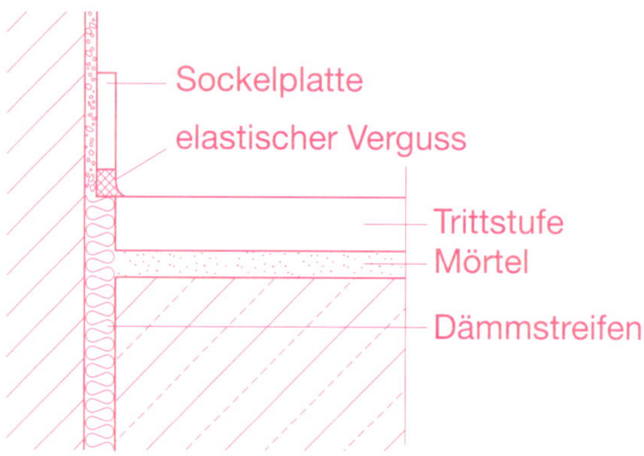

Name: Klasse: Datum:

Treppenformen

8 Herstellen einer gewendelten Treppe

Informieren Sie sich im Lehrbuch, Abschnitt 8, über die verschiedenen Treppenformen.

a) Benennen Sie die Treppen nach ihren Grundrissformen.

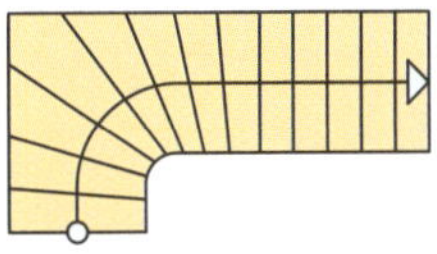

einläufige, im Antritt viertelgewendelte Treppe, Rechtstreppe

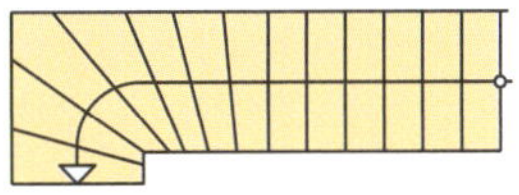

einläufige, im Austritt viertelgewendelte Treppe, Linkstreppe

einläufige gewinkelte viertelgewendelte Treppe

b) Benennen Sie die im Bau befindlichen Treppen nach ihren Grundrissformen.

einläufige, halbgewendelte Treppe, Rechtstreppe

Wendeltreppe

einläufige, zweimal viertelgewendelte Treppe, Rechtstreppe

c) Skizzieren Sie die Grundrissformen mit den Treppenlauflinien.

Grundrissskizze

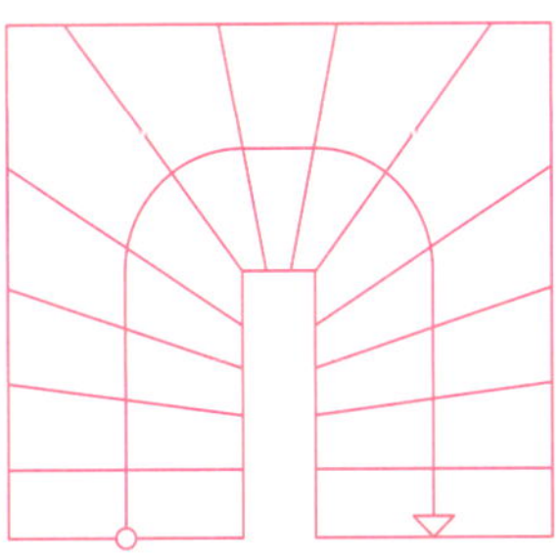

Grundrissskizze

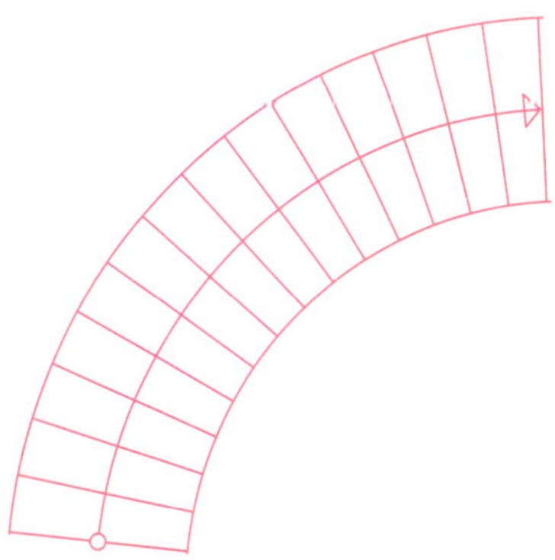

Grundrissskizze

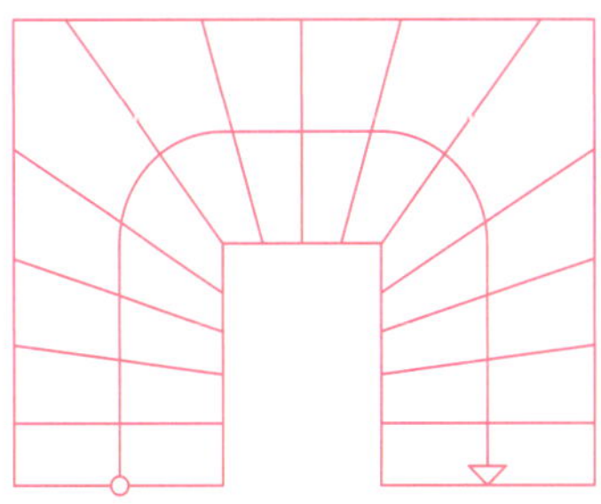

Name: Klasse: Datum:

Copyright Verlag Handwerk und Technik, Hamburg

8 Herstellen einer gewendelten Treppe

Treppenformen, Treppenverziehung

Informieren Sie sich im Lehrbuch, Abschnitt 8.2.3, über Treppenformen und das Verziehen von Treppen.

1. Vergleichen Sie die Treppen nach:

a) Gemeinsamkeiten

Spindeltreppen,

Linkstreppen

b) Unterscheidungsmerkmalen

Links: Treppe aus Ortbeton

Rechts: Treppe aus Winkelstufenelementen

2. Formulieren Sie die wichtigsten Grundsätze des Verziehens von Treppen.
   Die Abbildungen liefern Ihnen Anhaltspunkte.

a)

a) Vorderkante von Tritt- oder Setzstufe nicht in den Eckbereich der Wandwange führen.

b)

b) Die erste, in Laufrichtung zu verziehende Stufe sollte im Abstand der doppelten Treppenlaufbreite von der Treppen-stirnseite liegen.

c)

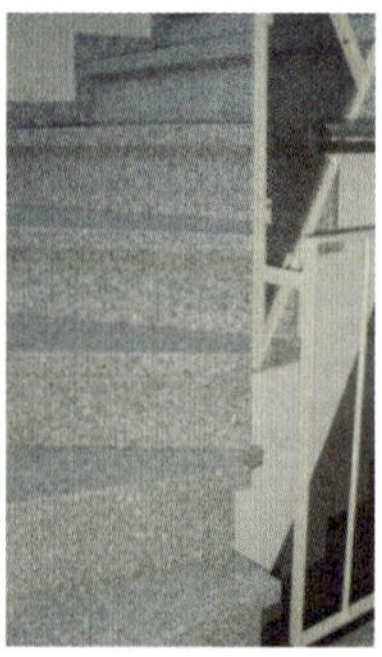

c) Bei Wohngebäuden ≤ 2 Wohnungen: Mindestauftrittbreite der Wendelstufen 10 cm bei Abstand von 15 cm zur inneren Treppenbegrenzung. Bei allen anderen Gebäuden: Auftrittbreite ≥ 10 cm an innerer Treppenbegrenzung.

Name:	Klasse:	Datum:

Rechnerisches Verziehen

8 Herstellen einer gewendelten Treppe

Informieren Sie sich im Lehrbuch, Abschnitt 8.2.4, über das rechnerische Verziehen.

1. Einläufige, halbgewendelte Treppe als Linkstreppe
   16 Steigungen, 17,5/27
   Verziehung: von 3. bis 14. Stufe
   Mindestauftrittbreite der Spickelstufe: 10 cm

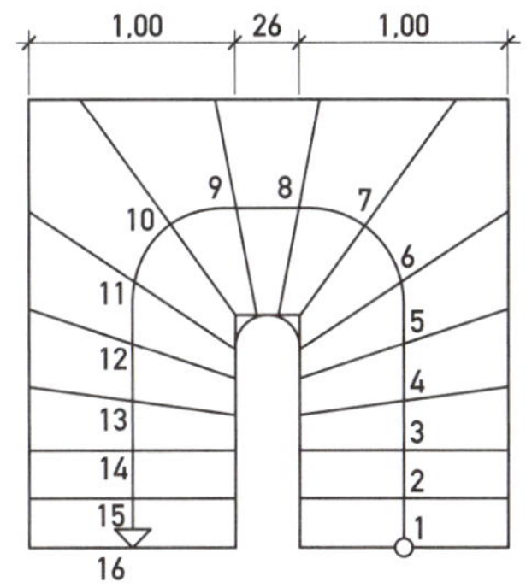

   Halten Sie sich an die vorgegebenen Lösungsschritte.

   a) Länge der Lichtwange vom Beginn der Verziehung bis zum Beginn der Spickelstufe:

   gebogener Teil: $\frac{\pi \cdot d}{4} - \frac{10\text{ cm}}{2} = \frac{3{,}14 \cdot 26\text{ cm}}{4} - 5\text{ cm} = 15{,}4\text{ cm}$

   gerader Teil: $5{,}5 \cdot 27\text{ cm} - \frac{3{,}14 \cdot 126\text{ cm}}{4} = 49{,}5\text{ cm}$

   gesamt: 64,9 cm

   b) Grundmaß für die zu verziehenden Stufen an der Lichtwange:
   Das Mindestmaß der Spickelstufe 8 wird nun für die Stufen 3 … 7 an der Lichtwange

   festgelegt: Insgesamt: $5 \cdot 10\text{ cm} = 50\text{ cm}$ Differenz: $64{,}9\text{ cm} - 50\text{ cm} = 14{,}9\text{ cm}$

   c) Ermittlung der Teile für:

   Stufe 7 + 1 Teil
   Stufe 6 + 2 Teile
   Stufe 5 + 3 Teile
   Stufe 4 + 4 Teile
   Stufe 3 + 5 Teile

   Gesamt: 15 Teile
   1 Teil beträgt:
   14,9 cm : 15 = 1 cm

   d) Auftrittbreiten an der Lichtwange für:

   Stufe 7/9 $10\text{ cm} + 1\text{ cm} = 11\text{ cm}$
   Stufe 6/10 $10\text{ cm} + 2 \cdot 1\text{ cm} = 12\text{ cm}$
   Stufe 5/11 $10\text{ cm} + 3 \cdot 1\text{ cm} = 13\text{ cm}$
   Stufe 4/12 $10\text{ cm} + 4 \cdot 1\text{ cm} = 14\text{ cm}$
   Stufe 3/13 $10\text{ cm} + 5 \cdot 1\text{ cm} = 15\text{ cm}$

2. Einläufige, im Antritt viertelgewendelte Treppe als Rechtstreppe, 14 Steigungen, 18,3/27
   Verziehung: von 1. bis 7. Stufe
   4. Stufe ist Spickelstufe, Mindestauftrittbreite: 10 cm

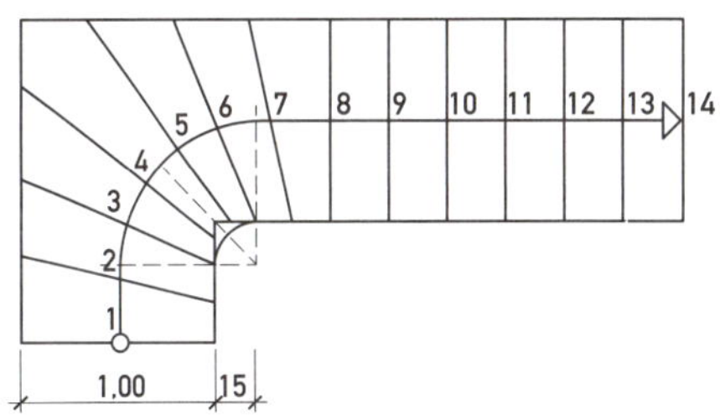

   a) Länge der Lichtwange vom Beginn der Verziehung bis zum Beginn der Spickelstufe:

   gebogener Teil: $\frac{\pi \cdot d}{8} - \frac{10\text{ cm}}{2} = \frac{3{,}14 \cdot 30\text{ cm}}{8} - 5\text{ cm} = 6{,}8\text{ cm}$

   gerader Teil: $3{,}5 \cdot 27\text{ cm} - \frac{3{,}14 \cdot 130\text{ cm}}{8} = 43{,}4\text{ cm}$

   gesamt: 50,2 cm

   b) Grundmaß für die zu verziehenden Stufen an der Lichtwange:
   Das Mindestmaß der Spickelstufe 4 wird nun für die Stufen 1 … 3 an der Lichtwange

   festgelegt: Insgesamt: $3 \cdot 10\text{ cm} = 30\text{ cm}$ Differenz: $50{,}2\text{ cm} - 30\text{ cm} = 20{,}2\text{ cm}$

   c) Ermittlung der Teile für:

   Stufe 3 + 1 Teil
   Stufe 2 + 2 Teile
   Stufe 1 + 3 Teile

   Gesamt: 6 Teile
   1 Teil beträgt:
   20,2 cm : 6 = 3,4 cm

   d) Auftrittbreiten an der Lichtwange für:

   Stufe 3/5 $10\text{ cm} + 3{,}4\text{ cm} = 13{,}4\text{ cm}$
   Stufe 2/6 $10\text{ cm} + 2 \cdot 3{,}4\text{ cm} = 16{,}8\text{ cm}$
   Stufe 1/7 $10\text{ cm} + 3 \cdot 3{,}4\text{ cm} = 20{,}2\text{ cm}$

Name:	Klasse:	Datum:

Copyright Verlag Handwerk und Technik, Hamburg

8 Herstellen einer gewendelten Treppe

Vergatterung

Informieren Sie sich im Lehrbuch, Abschnitt 8.2.3, über das zeichnerische Verziehen von Treppen.

Konstruieren Sie die Treppe durch grafisches Verziehen mittels **Vergatterung**.

Einläufige, im Antritt viertelgewendelte Treppe
als Rechtstreppe

14 Steigungen, 18,3/27
Verziehung: von 1. bis 7. Stufe
4. Stufe ist Spickelstufe,
Mindestauftrittbreite: 10 cm

Treppengrundriss Maßstab 1:20.

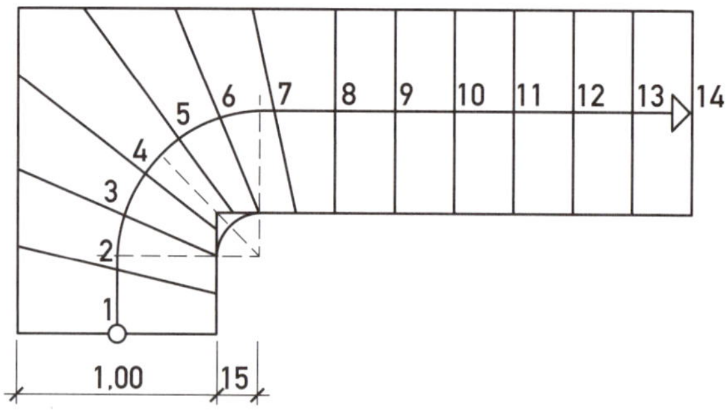

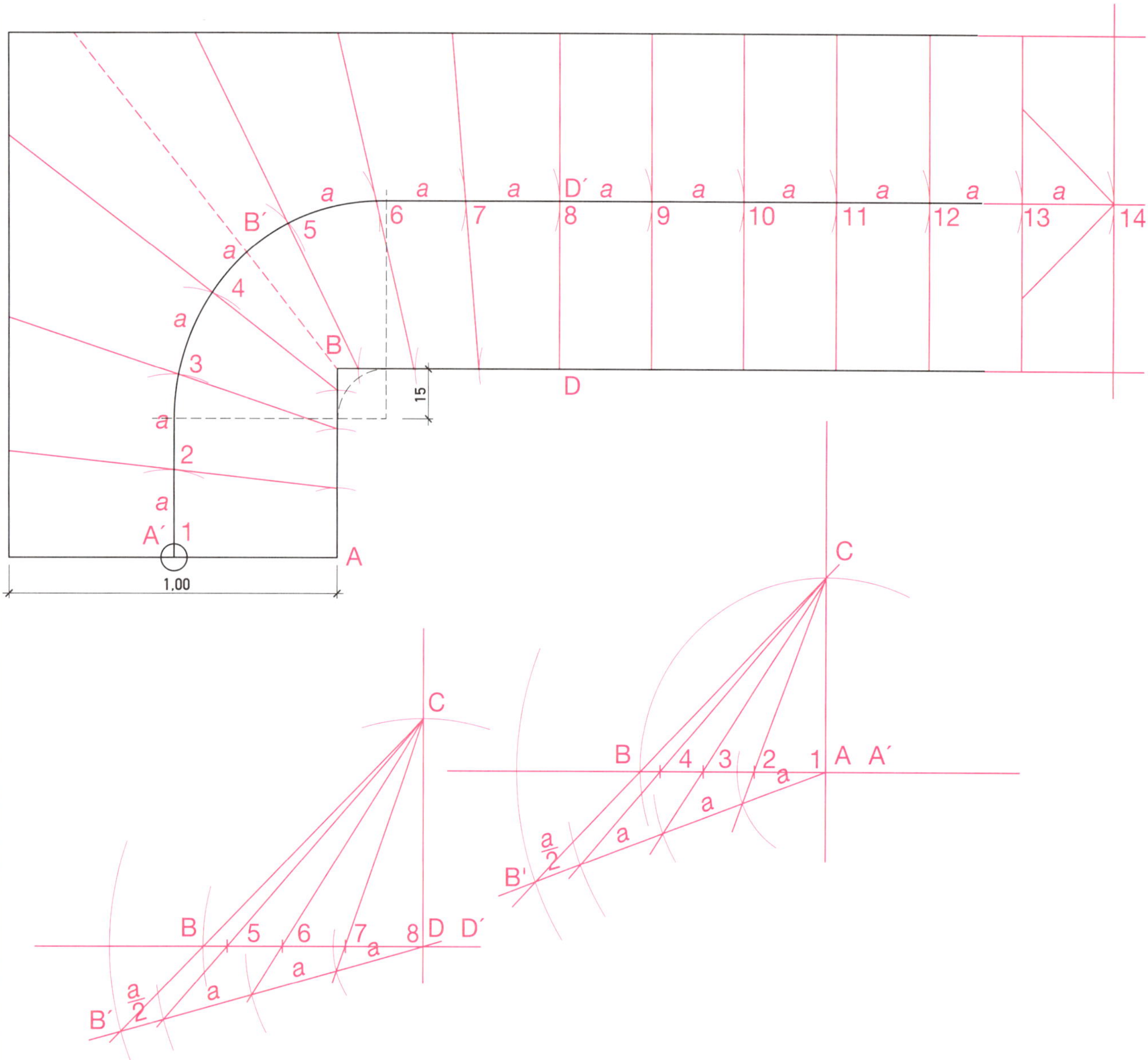

Vergleichen Sie das so ermittelte Ergebnis mit dem der rechnerischen Verziehung auf Seite 37.

Name:

Klasse:

Datum:

Fluchtpunktmethode I	8 Herstellen einer gewendelten Treppe

Informieren Sie sich im Lehrbuch, Abschnitt 8.2.3, über das zeichnerische Verziehen von Treppen.

Konstruieren Sie die Treppe durch grafisches Verziehen mit der **Fluchtpunktmethode**.

Einläufige, im Antritt viertelgewendelte Treppe als Rechtstreppe

14 Steigungen, 18,3/27
Verziehung: von 1. bis 7. Stufe
4. Stufe ist Spickelstufe,
Mindestauftrittbreite: 10 cm

Treppengrundriss Maßstab 1:20.

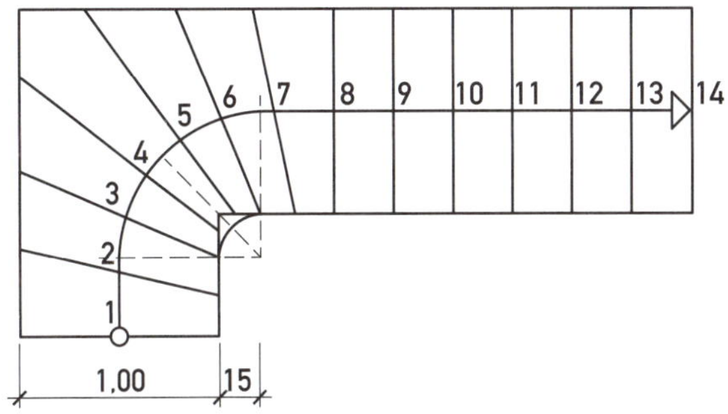

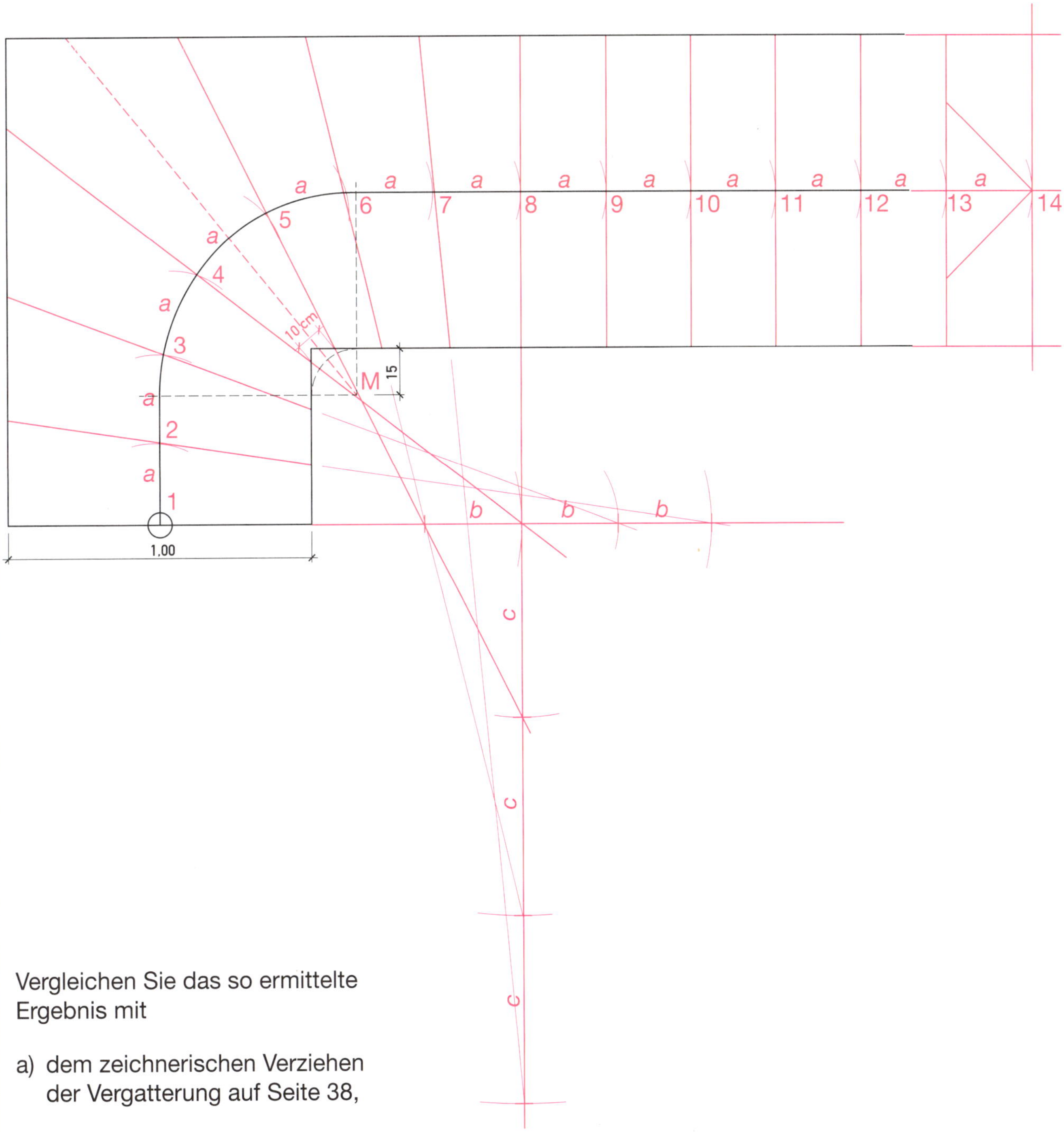

Vergleichen Sie das so ermittelte Ergebnis mit

a) dem zeichnerischen Verziehen der Vergatterung auf Seite 38,

b) dem rechnerischen Verziehen auf Seite 37.

Name:	Klasse:	Datum:

Copyright Verlag Handwerk und Technik, Hamburg

8 Herstellen einer gewendelten Treppe

Fluchtpunktmethode II

Informieren Sie sich im Lehrbuch, Abschnitt 8.2.3.

1. Ermitteln Sie die Geschosspodestbreite des Treppenhauses.

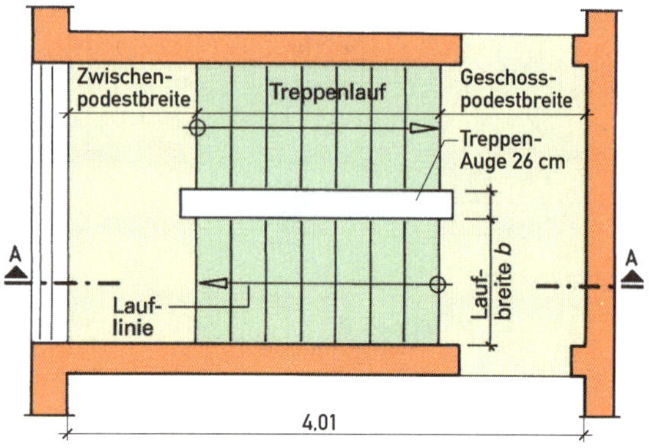

Treppenhausbreite:	2,26 m
Geschosshöhe *h*:	2,80 m
Anzahl der Steigungen:	16 (8 pro Lauf)
Treppenlaufbreite *b*:	1,00 m
Schrittmaßlänge:	63 cm
Zwischenpodestbreite:	≥ 1,00 m

Rechnung:

280 cm : 16 = 17,5 cm (Steigung)

a = 63 cm – 2 · 17,5 cm = 28 cm

4,01 – 7 · 0,28 m – 1,00 m = 1,05 m

2. Die ermittelte **Geschosspodestbreite** erscheint Ihnen zu knapp. Der Platz für den Zugang zu den Wohnungstüren ist nicht ausreichend. Konstruieren Sie im Maßstab 1 : 20 eine einläufige halbgewendelte Treppe als Rechtstreppe nach dem Prinzip der Fluchtpunktmethode und ermitteln Sie so die sich ergebende größere Geschosspodestbreite.

Planausschnitt Maßstab 1 : 20

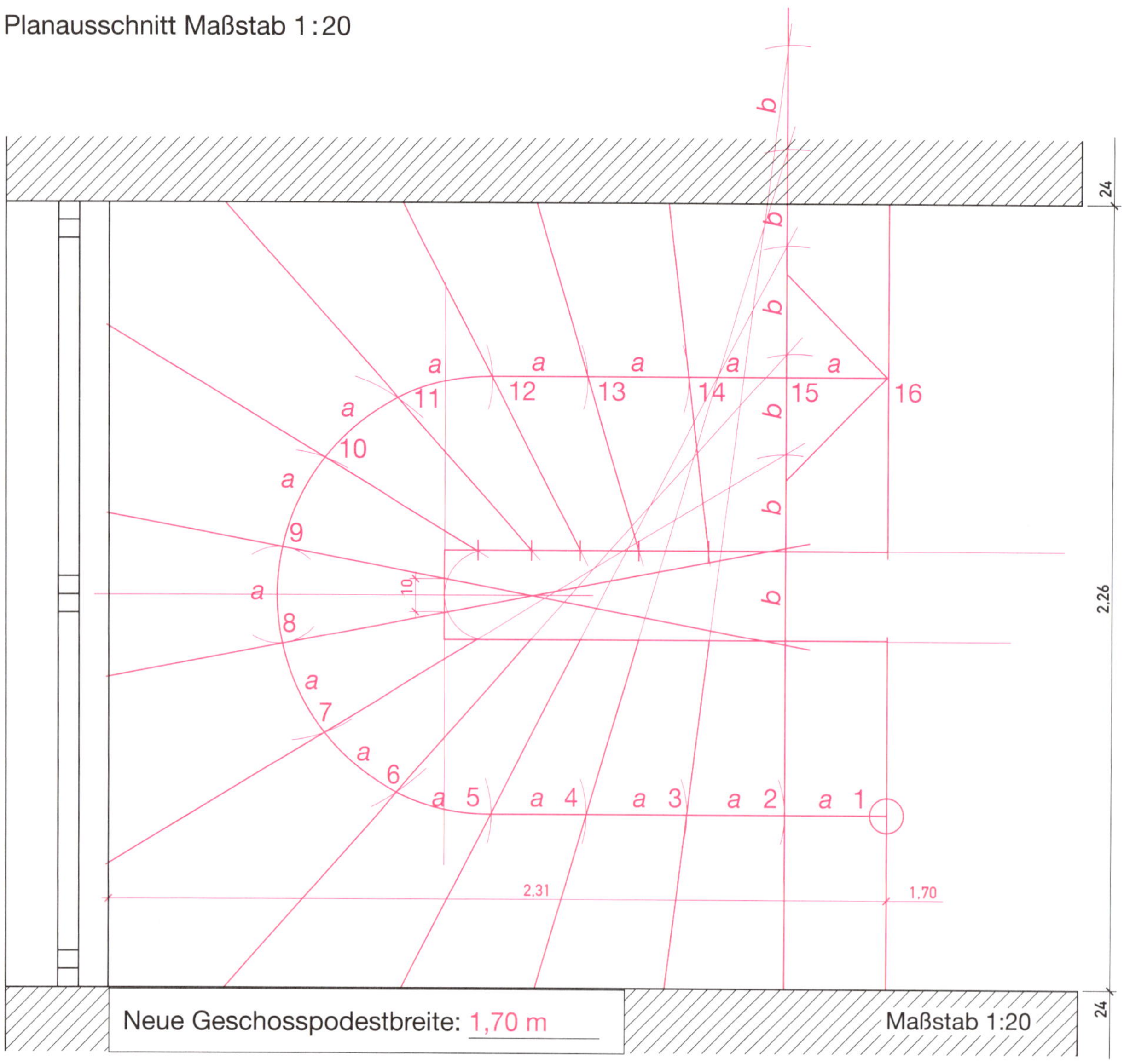

Neue Geschosspodestbreite: 1,70 m

Name:

Klasse:

Datum:

9 Herstellen eines Trägers aus Spannbeton

Informieren Sie sich im Lehrbuch, Abschnitt 9.2.

In welche Kategorien werden Spannbetonteile eingeteilt?
(Ordnen Sie die unterschiedlichen Kategorien der Zeichnung zu.)

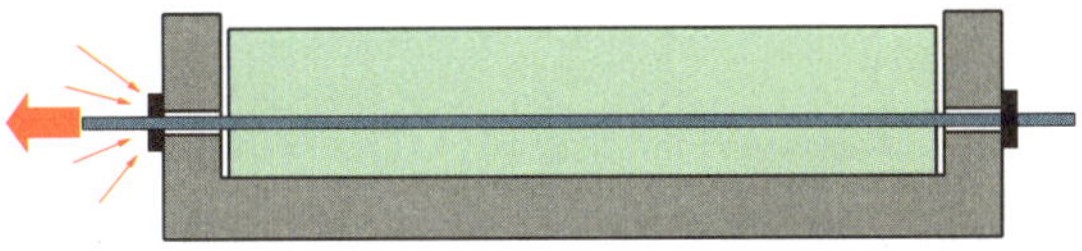

1. Vorspannen mit sofortigem Verbund

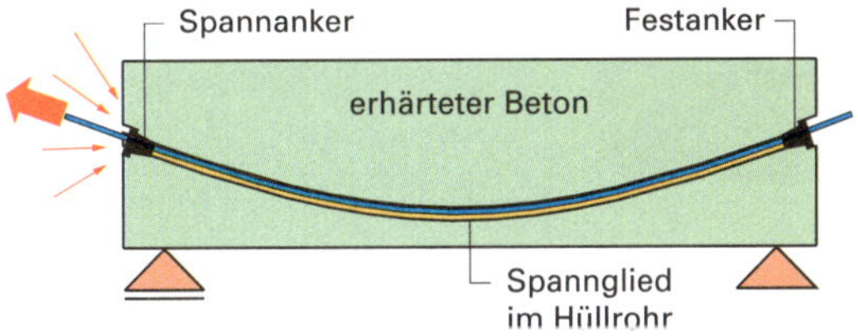

2. Vorspannen mit nachträglichem Verbund

3. a) externes Vorspannen ohne Verbund

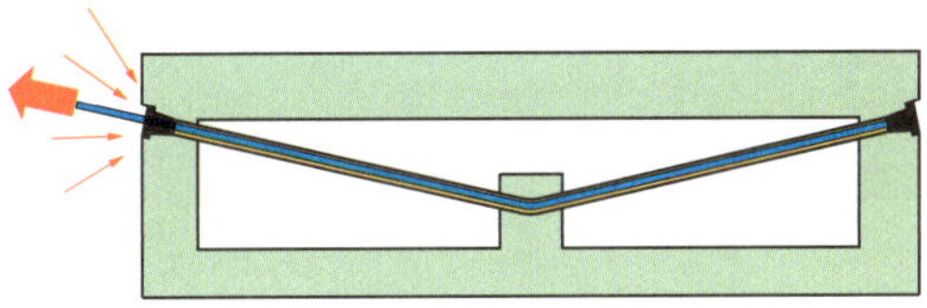

3. b) internes Vorspannen ohne Verbund

Erläutern Sie in Stichworten die unterschiedlichen Herstellungsarten von Trägern aus Spannbeton.

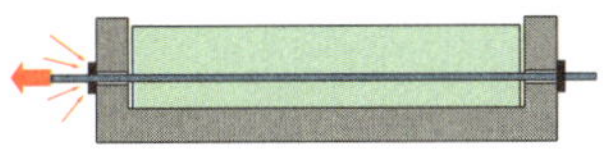

- Spanndrähte werden in einem Spannbett mithilfe von hydraulischen Pressen vorgespannt.
- Danach wird Beton ins Spannbett gefüllt.
- Nach Erhärtung des Betons wird die Verankerung der Spanndrähte gelöst.
- Die Spanndrähte sind im festen Verbund mit dem Beton und erzeugen Druckspannung im Beton.

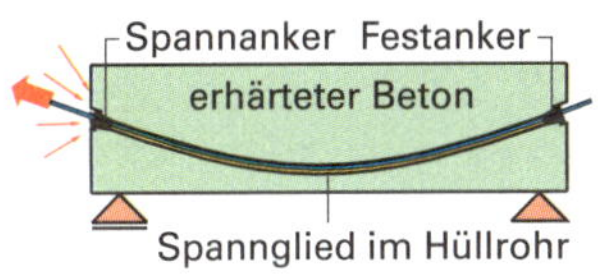

- In den Beton werden Hüllrohre im Momentenverlauf einbetoniert.
- Nach Erhärtung des Betons werden die Spanndrähte in das Hüllrohr eingeführt.
- Mittels Spannanker werden die Drähte vorgespannt.
- Das Hüllrohr wird mit Einpressmörtel gefüllt.
- Nach der Erhärtung des Einpressmörtels sind die Spanndrähte im festen Verbund mit dem Beton.

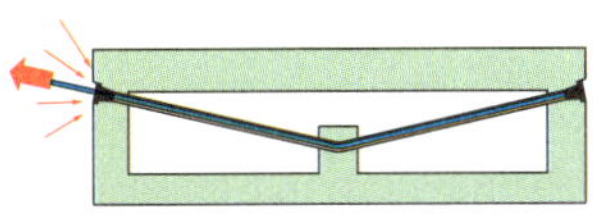

- Die Zugglieder werden außerhalb des Betonquerschnitts in einem Hüllrohr mittels Spannanker vorgespannt.
- Die Hüllrohre werden mit Fett verpresst.
- Die Spannglieder werden so vor Korrosion geschützt.

Name: ______ Klasse: ______ Datum: ______

Copyright Verlag Handwerk und Technik, Hamburg

9 Herstellen eines Trägers aus Spannbeton

Informieren Sie sich im Lehrbuch, Abschnitt 9.3.

Ordnen Sie die Begriffe den Bildern zu.

Spannlitzen am Spannanker/Einpressvorrichtung am Spannanker/Aufbringen der Spannscheibe/ Vorbereiten zum Spannen

Aufbringen der Spannscheibe

Vorbereiten zum Spannen

Einpressvorrichtung am Spannanker

Spannlitzen am Spannanker

Vorspannstahl gibt es in unterschiedlicher Form (tragen Sie die Überschriften ein)

warmgewalzte Stäbe	vergütete runde Drähte	kaltgezogene runde Drähte
glatt oder mit profiliertem Querschnitt mit den Durchmessern von etwa 26 mm … 40 mm.	glatt oder mit profiliertem Querschnitt mit den Durchmessern von etwa 5,0 mm … 14 mm.	glatt oder mit profiliertem Querschnitt mit den Durchmessern von etwa 4 mm … 12,0 mm.

Beschreiben Sie die Unterschiede zwischen **Baustahl**, **Spannstahl** und **Spannlitzen**.

	Merkmale	**Einsatzgebiet**
Baustahl	Stabstahl, Betonstahlmatten Zugfestigkeit 500 MPa (N/mm^2) in der Regel profiliert	In: Massivdecken, Balken unter 15 … 20 m, Bodenplatten, Fundamenten, Betonwänden
Spannstahl	hochfester Stahl, gerippt oder profiliert, hohe Zugfestigkeit (bis 1700 MPa (N/mm^2))	In: Spannbetonbauteilen wie Dachbindern und Balken mit großer Spannweite, Brücken
Spannlitzen	hochfeste, nichtprofilierte Spanndrähte, die miteinander verwunden sind, hohe Zugfestigkeit (bis 1700 MPa (N/mm^2))	In: Spannbetonbauteilen wie Brücken mit großen Spannweiten

Name: Klasse: Datum:

9 Herstellen eines Trägers aus Spannbeton

Informieren Sie sich im Lehrbuch, Abschnitt 9.4.

Ein Unterzug soll im Verfahren „Vorspannen mit sofortigem Verbund“ mit einer ausmittigen Vorspannung hergestellt werden. Ermitteln Sie das Überdeckungsmaß für nachstehende Zeichnung. Angaben: Klasse XD2, Spannglieder mit sofortigem Verbund.

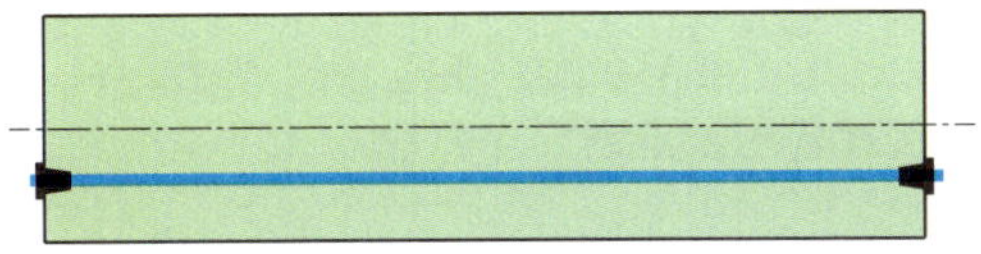

Ermittlung:

$c_{nom} = c_{min} + \Delta_c = 50\ mm + 15\ mm = 65\ mm$

Sie haben die Aufgabe, den Einpressmörtel für 10 Spannbetonträger zu bestellen. Wie viele Liter Einpressmörtel werden benötigt? 2 % Zuschlag ist für die Einpressschläuche hinzuzurechnen.

Länge des Hüllrohres: 35 m
Durchmesser des Hüllrohres: 80 mm
Anzahl der Spannstäbe: 5 Stück
Durchmesser des Spannstahls: 25 mm

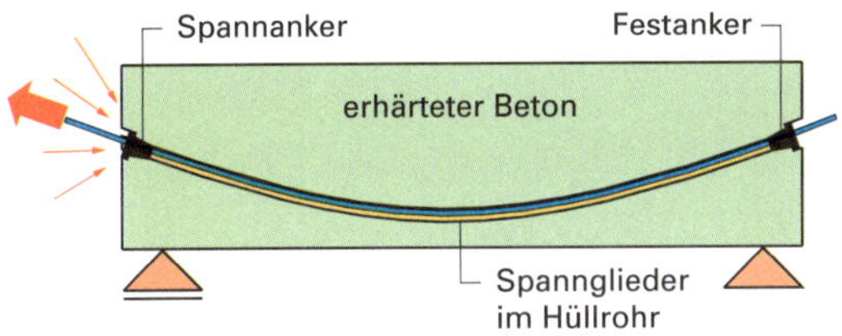

Ermittlung:

$A_{Hüllrohr} = \pi \cdot r^2 = \pi \cdot (40\ mm)^2 = 5026,55\ mm^2$

$V_{Hüllrohr} = 0,005026\ m^2 \cdot 35\ m = 0,176\ m^3$

$A_{Spannstahl} = \pi \cdot r^2 = \pi \cdot (12,5\ mm)^2 = 490.87\ mm^2$

$V_{Spannstahl} = 0,00049087\ m^2 \cdot 35\ m = 0,01718\ m^3$

$0,01718\ m^3 \cdot$ **5 Stück** $= 0,086\ m^3$

benötigter Mörtel: $0,176\ m^3 - 0,086\ m^3 = 0,09\ m^3$

$0,09\ m^3 = 90\ dm^3$ = 90 Liter; 90 Liter · **10 Träger** = 900 Liter

900 Liter · 1,02 = **918 Liter**

Formulieren Sie die Bestellung.

Sehr geehrte Damen und Herren,

für oben benannte Baustelle benötigen wir für 10 Spannbetonträger 918 Liter Einpressmörtel.

Ich bitte Sie, den Mörtel bis zum … 2021 zu liefern.

Mit freundlichen Grüßen

Kreuzen Sie die richtige Antwort an.

richtig	falsch	
☒	○	Die Mindestbetondeckung für Spannglieder mit Verbund ist in Abhängigkeit von der Expositionsklasse zu wählen.
☒	○	Der Korrosionsschutz des Stahls wird durch spezielle Zusatzmittel im Einpressmörtel erreicht.
○	☒	Der Chloridgehalt im Spannbeton muss über 0,2 % betragen, um den Korrosionsschutz zu gewährleisten.
☒	○	Das Vorhaltemaß Δ_c muss bei Spannbeton um 10 mm erhöht werden.
○	☒	Bei Spanngliedern mit Verbund wird das Hüllrohr mit Fett verpresst, um den Korrisionsschutz zu gewährleisten.

Name: ______ Klasse: ______ Datum: ______

Copyright Verlag Handwerk und Technik, Hamburg

9 Herstellen eines Trägers aus Spannbeton

Korrosionsschutz, Profile

Informieren Sie sich im Lehrbuch, Abschnitte 9.4 und 9.5.

Kreuzen Sie die richtige Antwort an.

richtig	falsch	
☒	○	Überwachungsklassen regeln, wie oft das Betonieren, der Beton, das Verpressen der Hüllrohre und die dazugehörigen Geräte überprüft werden.
○	☒	Die Vorgehensweise bei der Prüfung beim Einbau von Spannbetonbauteilen ist nicht geregelt. Jeder Unternehmer lässt sich seine Vorgehensweise zertifizieren.
☒	○	Spannbeton gehört immer zu den Überwachungsklassen 2 oder 3.
○	☒	Eine Überwachungsstelle und eine Betonprüfstelle ist dasselbe.
☒	○	Eine Betonprüfstelle ist ein Teil der Überwachungsstelle.
○	☒	Bei einer Betonprüfstelle werden nur Lieferscheine überprüft.

Beschreiben Sie die Unterschiede zwischen den unterschiedlichen Profilen für Träger aus Spannbeton.

	Handskizze	Merkmale/Einsatzgebiet
Rechteckträger		Balkenform für weniger große Spannweiten geeignet. Meist als Unterzug mit schlaffer Bewehrung.
T-Träger	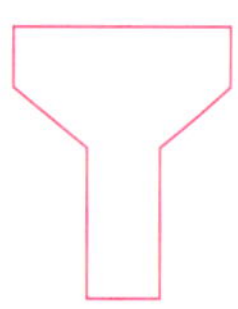	Für größere Spannweiten geeignet. Dachbinder für Industriehallen. Deckenbinder für Parkhäuser.
Doppel-T-Träger	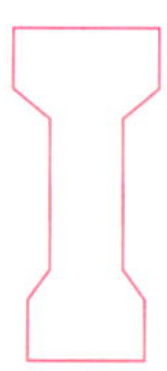	Für noch größere Spannweiten geeignet, meist für große stützenfreie Industriehallen. Durch die Profilierung wird der Träger leichter.

Name: ____________ Klasse: ____________ Datum: ____________

10 Mauern besonderer Bauteile

Informieren Sie sich im Lehrbuch, Abschnitt 10.4.

1. Welche drei grundlegenden Arten von Abgasanlagen werden unterschieden?

Schornstein	Abgasleitung	Luft-Abgas-System

Öl	Pellets	Gas	Hackschnitzel	Stückholz

2. Verbinden Sie mit Pfeilen die aufgeführten **Brennstoffe** mit den möglichen **Abgasanlagen**.

3. Kennen Sie die Energieträger Pellets und Hackschnitzel? Erkundigen Sie sich im Internet und verfassen Sie einen kurzen Steckbrief über diese Brennstoffe.

Pellets	Steckbrief	Hackschnitzel	Steckbrief
	zusammengepresste Holzabfälle oder Sägemehl		mit schneidenden Werkzeugen zerkleinertes, minderwertiges Holz

4. Bei der Verbrennung eines Energieträgers (z. B. Heizöl) mit Sauerstoff **(O_2)** entstehen Abgase. Ein unschädliches Abgas ist Wasserdampf. Diesen Vorgang kann man mit den **chemischen Formelzeichen** so beschreiben:

Wasserstoff		Sauerstoff		Wasserdampf	2 H_2O
2 H_2	+	**O_2**	→	Energie	
Reaktion/Verbrennung			dabei entsteht		

Ergänzen Sie die chemischen Formelzeichen der weiteren Vorgänge (a) und den Text (b).

a)

Kohlenstoff	C	+	O_2	→	Kohlenstoffdioxid	CO_2
Schwefel	S	+	O_2	→	Schwefeldioxid	SO_2

b) Die unvollkommene Verbrennung von Kohlenstoff ist lebensgefährlich.

Es entsteht giftiges Kohlenstoffmonoxid.

Ursache der unvollkommenen Verbrennung ist ein Mangel an Sauerstoff.

Das Abgas Kohlenstoffdioxid ist in besonderem Maße für den Treibhauseffekt verantwortlich.

Name: Klasse: Datum:

Copyright Verlag Handwerk und Technik, Hamburg

1. Bezeichnen Sie die im Schnitt dargestellten Bestandteile eines Schornsteines.

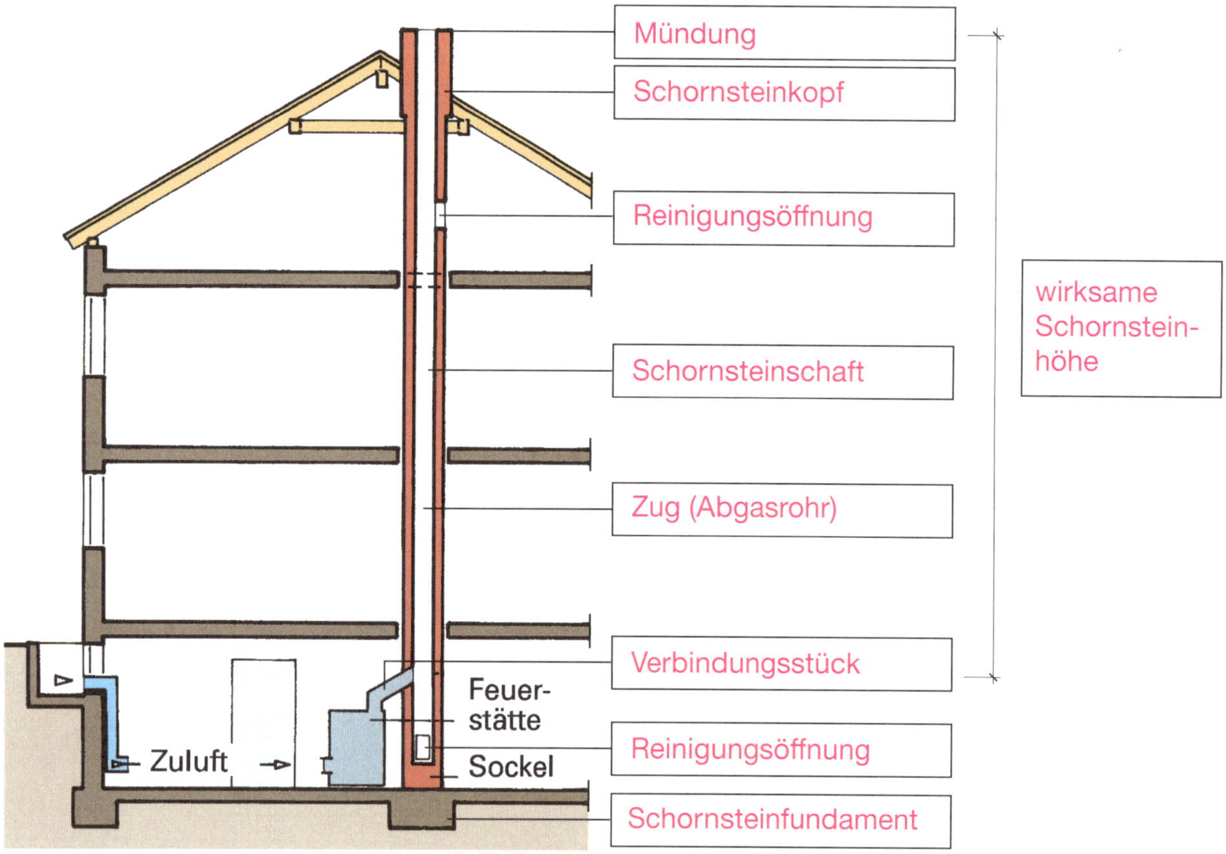

Abb. 1

2. Nur durch das Nachströmen von kalter Außenluft können die warmen Abgase durch Auftrieb über den Schornstein entweichen.

   Dieser Auftrieb wird Schornsteinzug genannt.

3. Kennzeichnen Sie den Verlauf
   - des Abgases (rote Pfeile)
   - der Verbrennungsluft (blaue Pfeile)

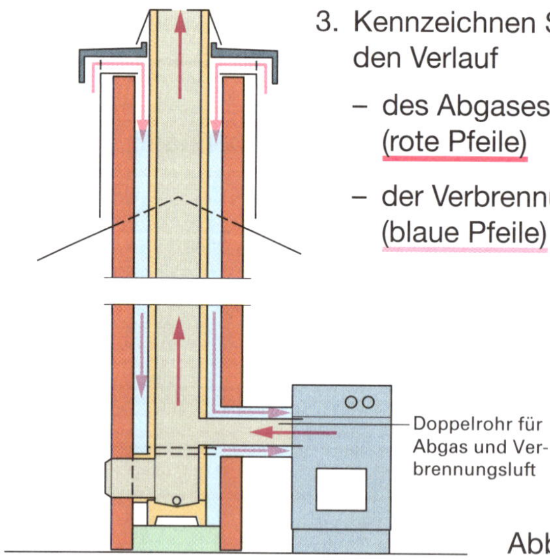

Abb. 2

4. Nennen Sie die Möglichkeiten der Außenluftversorgung von Feuerungsanlagen anhand der Abbildungen 1 und 2.

   Abb. 1: ▶ Fenster oder Zuluftkanal

   Abb. 2: ▶ über Luft-Abgas-System

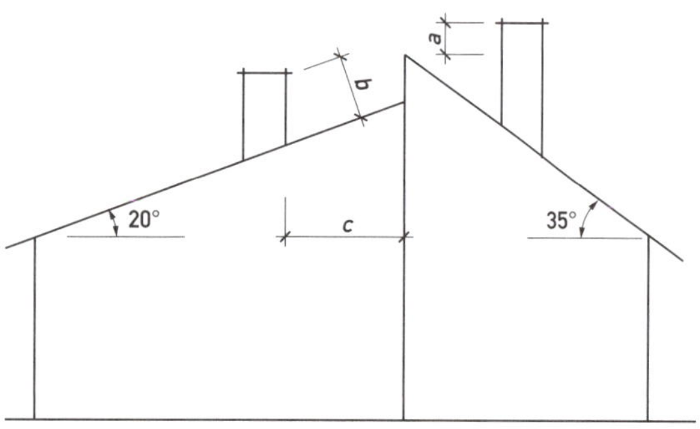

5. Benennen Sie die notwendigen Mindestmaße:

   a: ≥ 40 cm b: ≥ 1,00 m c: ≥ 1,50 m

Name: Klasse: Datum:

1. a) Berechnen Sie die notwendige Gesamthöhe des Schornsteins.

   b) Bestimmen Sie die sich ergebende wirksame Schornsteinhöhe.

   c) Bemaßen Sie die wirksame Schornsteinhöhe und die Gesamthöhe des Schornsteines (im grau hinterlegten Bereich links des Schnittes).

   d) Im Erdgeschoss wird ein Kachelofen (gestrichelt) eingebaut. Bestimmen Sie die neue Gesamthöhe des Schornsteins und verlängern Sie den Schornstein zeichnerisch.

c) Bemaßung

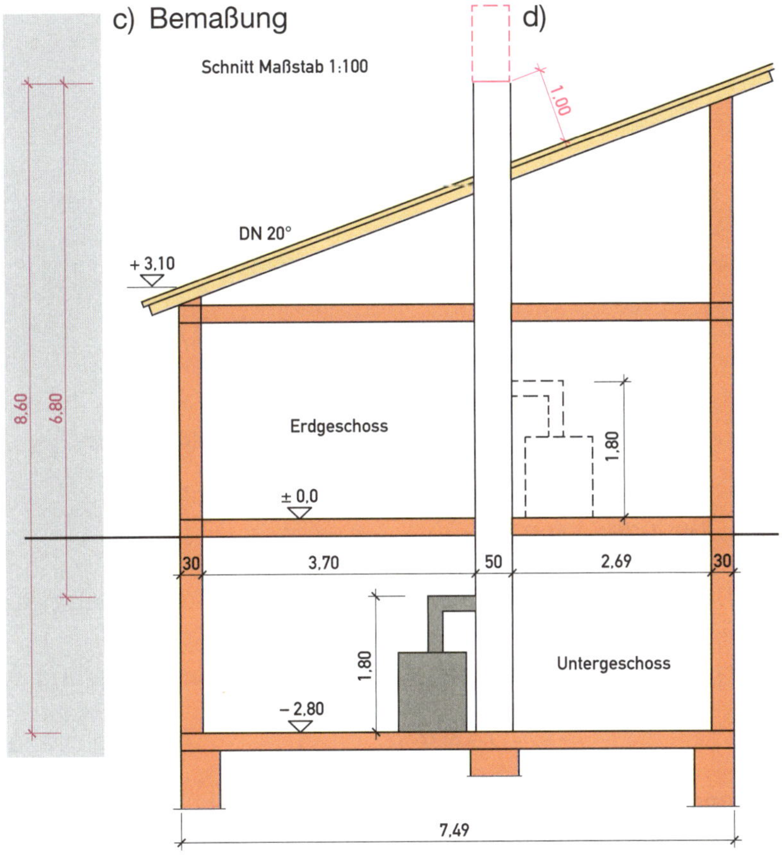

a) $H_1 = 3{,}10\ \text{m} + 2{,}80\ \text{m} =$ **5,90 m**

Berechnung H_2:

$\tan\alpha = \frac{GK}{AK} = \frac{H_2}{AK}$

$H_2 = \tan 20° \cdot 4{,}50\ \text{m} = \mathbf{1{,}64\ m}$

Berechnung H_3:

$\cos\alpha = \frac{AK}{Hyp} = \frac{1{,}00\ \text{m}}{H_3}$

$H_3 = \frac{1{,}00\ \text{m}}{\cos 20°} = \mathbf{1{,}06\ m}$

$H_{ges} = \mathbf{8{,}60\ m}$

b) $8{,}60\ \text{m} - 1{,}80\ \text{m} = \mathbf{6{,}80\ m}$

d) $H = 2{,}80\ \text{m} + 1{,}80\ \text{m} + 5{,}00\ \text{m} = \mathbf{9{,}60\ m}$

2. Sind die Aussagen richtig oder falsch? (Kreuzen Sie an.)

richtig	falsch	
○	⊗	Die wirksame Schornsteinhöhe ist der Abstand zwischen Zuluftöffnung und Schornsteinmündung.
⊗	○	Schornsteine funktionieren im Winter besser als im Sommer.
○	⊗	Je niedriger die Abgastemperatur, umso besser der Schornsteinzug.
○	⊗	Der Luftdruck spielt beim Schornsteinzug keine Rolle.
○	⊗	Warme Verbrennungsluft dehnt sich aus. Dadurch erhöht sich der Druck.
⊗	○	Gase bewegen sich immer dann, wenn Druckunterschiede vorhanden sind.
○	⊗	Bei sogenannten Luft-Abgas-Systemen (LAS) muss zwingend im Heizraum ein Fenster als mögliche Zuluftöffnung vorgesehen werden.

Name: ____________ Klasse: ____________ Datum: ____________

Copyright Verlag Handwerk und Technik, Hamburg

1. Beim Mauern von einschaligen Kaminen, sei es aus kleinformatigen Mauersteinen oder aus Formstücken, müssen bestimmte Ausführungsregeln eingehalten werden.

   Beurteilen Sie die Kaminhälften, indem Sie a) die Ausführung beschreiben und b) die Folgen der Ausführung erläutern.

   a) Ausführung
   unebene Schornstein-
   innenfläche

   b) Folgen
   schlechte Abgasströmung
   durch Reibungswiderstand
   und Wirbelbildung

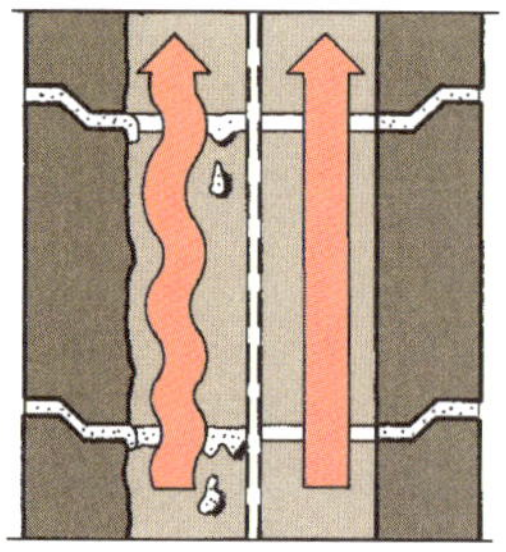

   a) Ausführung
   ebene, glatte Schornstein-
   innenfläche

   b) Folgen
   gute Abgasströmung

2. Beschreiben Sie die Wirkung des fehlerhaften Schornsteins, indem Sie die Lückentexte vervollständigen.

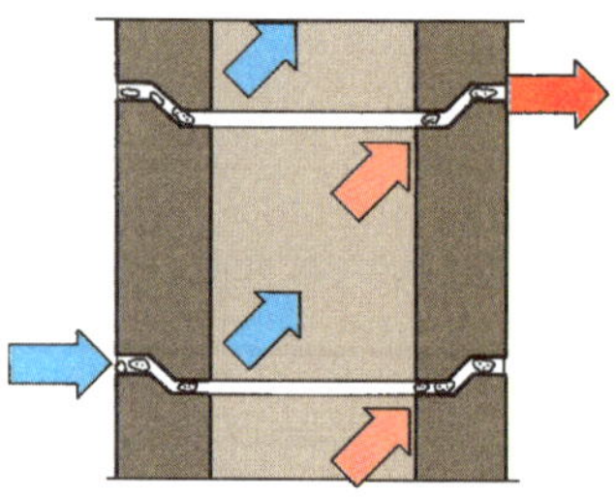

Durch die Lagerfugen kann Falschluft in den Schornstein eintreten. Zum anderen kann Abgas entweichen. Dies führt zu einer Minderung des Schornsteinzuges. Die Lagerfugen müssen deshalb vollflächig vermörtelt werden.

Generell gilt: Die Innenflächen des Schornsteinzuges müssen glatt und eben sein.

Bei Schornsteinen führt ungenügende Wärmedämmung zu vermehrter Kondensation. Das heißt, dass sich der vorhandene Wasserdampf in Form von Tropfen an der Schornsteininnenwand niederschlägt. Dies führt zur Durchfeuchtung der Schornsteininnenwand.

Man spricht in diesem Zusammenhang auch von Versottung.

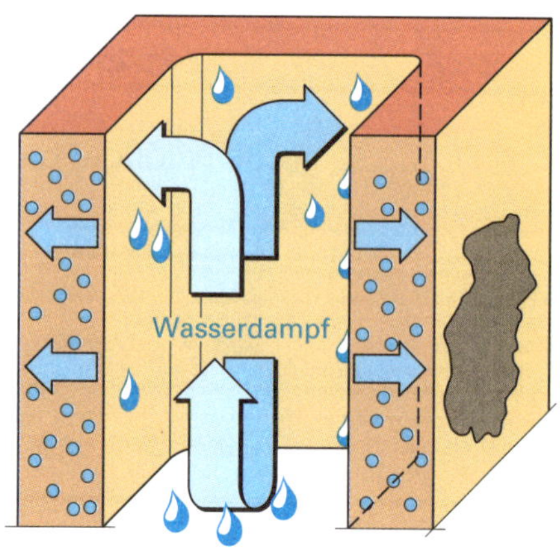

Name: | Klasse: | Datum:

1. Angenommen, Sie hätten die Wahl zwischen zwei auf dem Markt verfügbaren Formstücken für Schornsteine. Für welches Formstück würden Sie sich entscheiden? (Kreuzen Sie an und begründen Sie Ihre Entscheidung.)

		Begründung:
 ◯	 ⊗	runder Querschnitt ist strömungstechnisch günstiger

Sind auch rechteckige Querschnitte für Schornsteine möglich? Fertigen Sie eine Skizze mit den wichtigsten Angaben hierzu.

Skizze

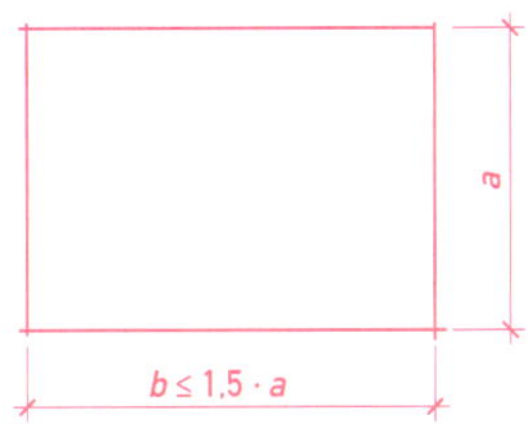

2. Beschriften Sie die Bauteile/Bestandteile 1 bis 5 des dreischaligen Schornsteines.

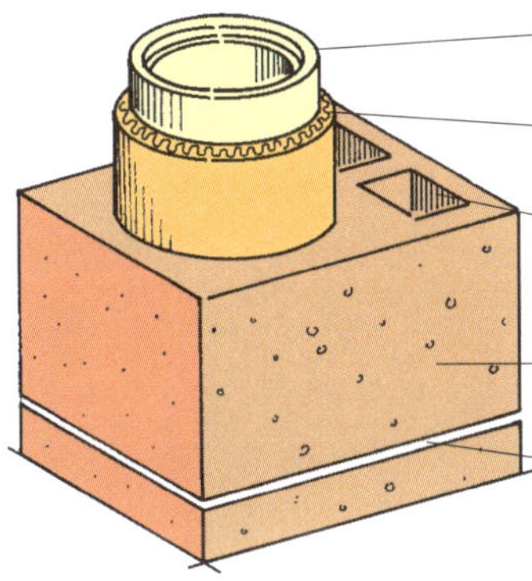

1 Innenschale

2 Dämmschale

3 Lüftung (Zuluft)

4 Mantelstein

5 Lagerfuge

3. Nennen Sie gängige Materialen für die Bauteile:

1 Schamotte

2 Mineralwolle

3 Leichtbeton

4. Welche Eigenschaften müssen die Materialien aufweisen? (pro – eine Eigenschaft)

	Bauteil 1	Bauteil 2	Bauteil 4
Eigenschaft(en)	– feuchteunempfindlich – säurebeständig – hitzebeständig	– hohe Wärmedämmung	– leicht – formstabil – lastabtragend

Name: Klasse: Datum:

Copyright Verlag Handwerk und Technik, Hamburg

1. Ergänzen Sie die Tabelle durch die fehlenden Skizzen und die fehlenden Bezeichnungen.

Beispiel zweizügig, einschalig, quadratisch	einzügig, dreischalig, rund	zweizügig, rund, dreischalig mit Hinterlüftung, mit Schacht	einzügig, rund, dreischalig mit Hinterlüftung
	Skizze 		Skizze 

2. Für die Wandecke ist ein dreischaliger Schornstein geplant. Fertigen Sie eine exakte Querschnittszeichnung im Maßstab 1:5. Informieren Sie sich über den notwendigen Wandabstand.

Angaben:
- runder Querschnitt
- Schamotterohr, Dicke 3 cm
- Ummantelung 8 cm an der schmalsten Stelle
- Durchmesser 16 cm
- Wärmedämmung, Dicke 6 cm

Bemaßen Sie die Außenabmessungen des Schornsteins. Berechnen Sie hierzu die Außenmaße und überprüfen Sie die Genauigkeit Ihrer Zeichnung.

errechnetes Außenmaß: 50 cm

entspricht auf Ihrer Zeichnung: 10 cm

tatsächlich von Ihnen gezeichnet: ______ cm

Name: ______ Klasse: ______ Datum: ______

1. Fertigen Sie mit der Erlaubnis des Eigentümers eine Bestandsaufnahme eines gemauerten Schornsteins.

Bestandsaufnahme gemauerter Schornstein — Blatt 1

Einführung

Bestimmt gibt es auch in Ihrem persönlichen Umfeld, sei es zu Hause, bei Freunden oder Verwandten, einen für Sie zugänglichen Schornstein, der die Verbrennungsgase einer Feuerstätte über Dach ins Freie führt.

Vor der Bestandsaufnahme

Folgende Materialien brauchen Sie:

- Arbeitsheft mit Formular (Blatt 2)
- Bleistift und Radiergummi
- Schlüssel für Putztür
- Meterstab
- Fotohandy (Digitalkamera)
- evtl. kleinen Taschenspiegel

Während der Bestandsaufnahme

Formular ausfüllen und ankreuzen.

Fotografieren Sie den Schornstein:

- Schornstein mit Putztür und Verbindungsstück
- Schornsteinzug von innen (mit Blitzlicht, nur möglich bei geöffneter Putztür)

Achtung:
Verschließen Sie die Putztür gewissenhaft im Beisein des Eigentümers!

Nach der Bestandsaufnahme

Drucken Sie die Digitalfotos aus und kleben Sie sie auf die im Formular vorgegebene Stelle.

Bilden Sie Gruppen von bis zu 4 Personen. Vergleichen Sie die Schornsteine unter folgenden Fragestellungen:

- Gibt es auffallende Übereinstimmungen?
- Wurden Schäden oder Mängel erkannt? Wenn ja, welche?
- Sind Ihnen Besonderheiten aufgefallen?

Informieren Sie Ihre Gruppenmitglieder.

Alternativ: Informieren Sie in einem Kurzvortrag Ihre Gruppenmitglieder über Ihre Bestandsaufnahme.

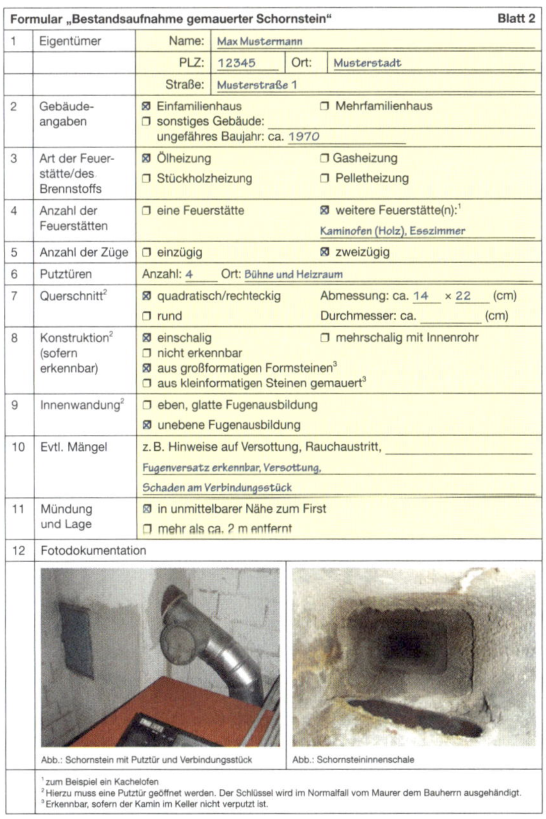

Formular „Bestandsaufnahme gemauerter Schornstein" — **Blatt 2**

Nr.		
1	Eigentümer	Name: Max Mustermann
		PLZ: 12345 Ort: Musterstadt
		Straße: Musterstraße 1
2	Gebäudeangaben	☒ Einfamilienhaus ☐ Mehrfamilienhaus ☐ sonstiges Gebäude: ____ ungefähres Baujahr: ca. 1970
3	Art der Feuerstätte/des Brennstoffs	☒ Ölheizung ☐ Gasheizung ☐ Stückholzheizung ☐ Pelletheizung
4	Anzahl der Feuerstätten	☐ eine Feuerstätte ☒ weitere Feuerstätte(n):[1] Kaminofen (Holz), Esszimmer
5	Anzahl der Züge	☐ einzügig ☒ zweizügig
6	Putztüren	Anzahl: 4 Ort: Bühne und Heizraum
7	Querschnitt[2]	☒ quadratisch/rechteckig Abmessung: ca. 14 × 22 (cm) ☐ rund Durchmesser: ca. ____ (cm)
8	Konstruktion[2] (sofern erkennbar)	☒ einschalig ☐ mehrschalig mit Innenrohr ☐ nicht erkennbar ☒ aus großformatigen Formsteinen[3] ☐ aus kleinformatigen Steinen gemauert[3]
9	Innenwandung[2]	☐ eben, glatte Fugenausbildung ☒ unebene Fugenausbildung
10	Evtl. Mängel	z. B. Hinweise auf Versottung, Rauchaustritt, ____ Fugenversatz erkennbar, Versottung, Schaden am Verbindungsstück
11	Mündung und Lage	☒ in unmittelbarer Nähe zum First ☐ mehr als ca. 2 m entfernt
12	Fotodokumentation	Abb.: Schornstein mit Putztür und Verbindungsstück Abb.: Schornsteininnenschale

[1] zum Beispiel ein Kachelofen
[2] Hierzu muss eine Putztür geöffnet werden. Der Schlüssel wird im Normalfall vom Maurer dem Bauherrn ausgehändigt.
[3] Erkennbar, sofern der Kamin im Keller nicht verputzt ist.

Name: ____ Klasse: ____ Datum: ____

Copyright Verlag Handwerk und Technik, Hamburg

Formular „Bestandsaufnahme gemauerter Schornstein" — Blatt 2

1	Eigentümer	Name:	______
		PLZ:	______ Ort: ______
		Straße:	______
2	Gebäude-angaben	❐ Einfamilienhaus ❐ Mehrfamilienhaus ❐ sonstiges Gebäude: ______ ungefähres Baujahr: ca. ______	
3	Art der Feuer-stätte/des Brennstoffs	❐ Ölheizung ❐ Gasheizung ❐ Stückholzheizung ❐ Pelletheizung	
4	Anzahl der Feuerstätten	❐ eine Feuerstätte ❐ weitere Feuerstätte(n):[1] ______	
5	Anzahl der Züge	❐ einzügig ❐ zweizügig	
6	Putztüren	Anzahl: ______ Ort: ______	
7	Querschnitt[2]	❐ quadratisch/rechteckig Abmessung: ca. ______ × ______ (cm) ❐ rund Durchmesser: ca. ______ (cm)	
8	Konstruktion[2] (sofern erkennbar)	❐ einschalig ❐ mehrschalig mit Innenrohr ❐ nicht erkennbar ❐ aus großformatigen Formsteinen[3] ❐ aus kleinformatigen Steinen gemauert[3]	
9	Innenwandung[2]	❐ eben, glatte Fugenausbildung ❐ unebene Fugenausbildung	
10	Evtl. Mängel	z. B. Hinweise auf Versottung, Rauchaustritt, ______	
11	Mündung und Lage	❐ in unmittelbarer Nähe zum First ❐ mehr als ca. 2 m entfernt	
12	Fotodokumentation		

Abb.: Schornstein mit Putztür und Verbindungsstück	Abb.: Schornsteininnenschale

[1] zum Beispiel ein Kachelofen
[2] Hierzu muss eine Putztür geöffnet werden. Der Schlüssel wird im Normalfall vom Maurer dem Bauherrn ausgehändigt.
[3] Erkennbar, sofern der Kamin im Keller nicht verputzt ist.

Name: ______ Klasse: ______ Datum: ______

Bogenarten	11 Überdecken einer Öffnung mit einem Bogen

Informieren Sie sich im Lehrbuch, Abschnitt 11.1, über die Tragweise von Bögen.

1. Stellen Sie die Kräfte im Bogen und am Auflagerpunkt des Bogens zeichnerisch dar.

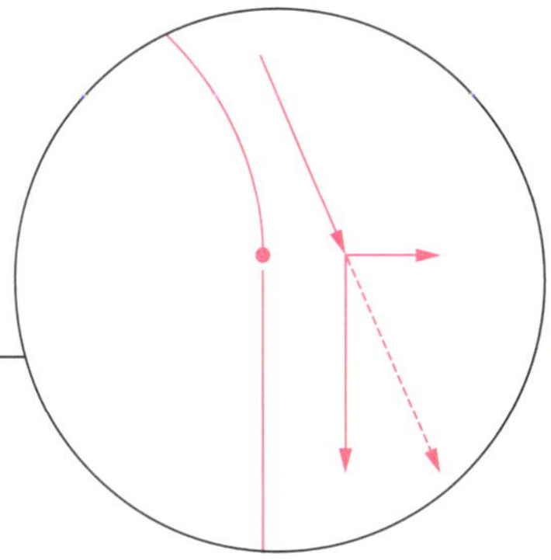

2. Nennen und skizzieren Sie vier weitere Bogenarten Ihrer Wahl.

Segmentbogen	Scheitrechter Sturz	Korbbogen	Spitzbogen
②	①	③	④

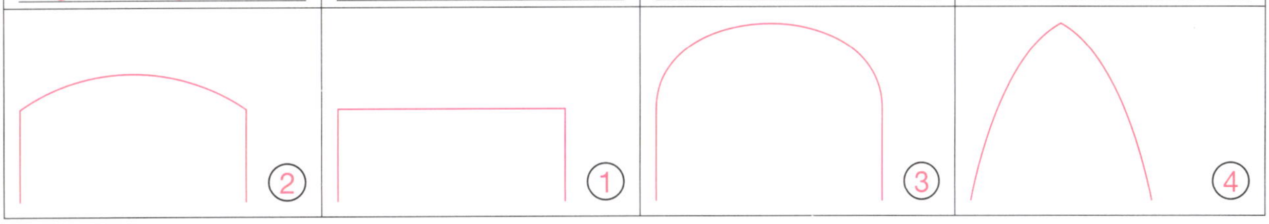

3. Nummerieren Sie Ihre Bogenarten nach der Größe der am Auflager auftretenden Horizontalkräfte: ① große Horizontalkraft ④ geringe Horizontalkraft

4. Vervollständigen Sie die Sätze mit den aufgeführten Wörtern:
Widerlager – größer – breit – Bogenschub – Anfänger – Fugenmörtel – Horizontalkräfte Widerlager – Druck – Mauerecken

Bogenmauerwerk kann nur Druck aufnehmen. Die auftretenden Kräfte werden durch die Bogenform in die Widerlager geleitet. Je flacher der Bogen, umso größer ist am Widerlager die horizontale Kraft. Diese Kraft wird als Bogenschub bezeichnet. Sie wird durch den Fugenmörtel des Mauerwerks aufgenommen. Hierzu muss das an Widerlager und Anfänger anschließende Mauerwerk ausreichend breit sein. Vor allem bei Bögen an Mauerecken ist dies zu berücksichtigen. Bei aneinandergereihten Bögen heben sich die Horizontalkräfte auf.

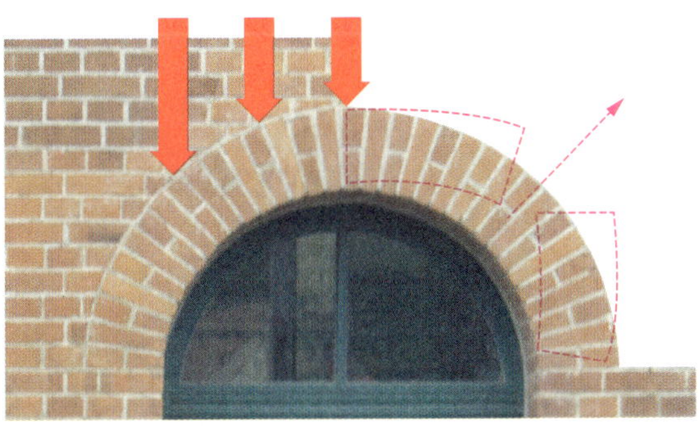

5. Nur diese Belastungen wirken auf den Bogen:
   a) Beschreiben Sie die Folgen für die Konstruktion.
   Die rechte Bogenhälfte würde ohne Auflast ausknicken.
   b) Stellen Sie die Auswirkungen zeichnerisch im Bild links dar.

Name:	Klasse:	Datum:

Copyright Verlag Handwerk und Technik, Hamburg

11 Überdecken einer Öffnung mit einem Bogen

Rundbogen

Informieren Sie sich im Lehrbuch über Rundbögen und deren Berechnungen.

1. Benennen Sie die gekennzeichneten Bauteile ——►, Punkte ——●, Maße ◄——►.

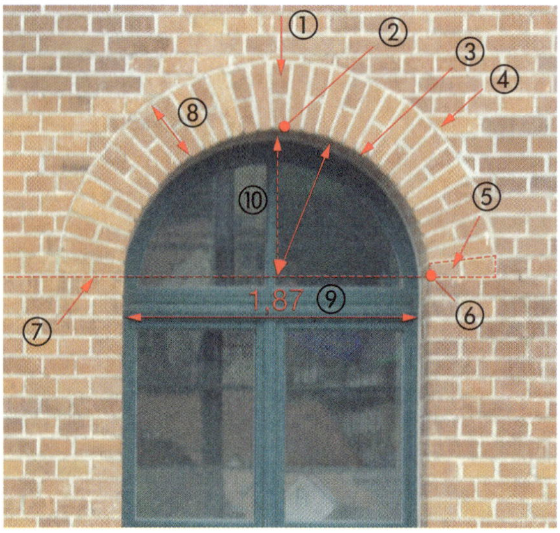

① Schlussstein
② Scheitelpunkt
③ Bogenlaibung
④ Bogenrücken
⑤ Anfänger
⑥ Kämpferpunkt
⑦ Widerlager/Auflager
⑧ Bogendicke
⑨ Spannweite
⑩ Bogenradius

2. Beim dargestellten Bogen sind die Fugen gleichmäßig dick (betrachten Sie das Bild genau).
   - Was bedeutet dies für das Steinformat? Steine müssen konisch sein
   - Ziegel mit diesem Format werden Radialziegel oder Keilsteine genannt.

3. Die Breite der Steinformate beträgt an der Laibung 5,2 cm. Berechnen Sie die (gleichmäßige) Dicke der Fugen. Die Spannweite ist 1,87 m.

   Ergebnis:

   Die Fugendicke beträgt 0,57 cm.

Rechnung:

$$b_L = \frac{187\text{ cm} \cdot \pi}{2} = 295\text{ cm}$$

$$n = \frac{295\text{ cm} - 0{,}5\text{ cm}}{5{,}2\text{ cm} + 0{,}5\text{ cm}} = 51{,}6 \rightarrow 51$$

$$F_L = \frac{295\text{ cm} - 51 \cdot 5{,}2\text{ cm}}{51 + 1} = 0{,}57\text{ cm}$$

4. Der Bogen soll nun mit gleich vielen Ziegeln (Format DF), aber keilförmigen Fugen gemauert werden. Ermitteln Sie die Fugendicke am Bogenrücken bei einer Bogendicke von 24 cm. Geht das?

   Ergebnis:

   Die Fugendicke beträgt am Bogenrücken 2,0 cm und entspricht somit noch der maximal zulässigen Breite von 2,0 cm.

Rechnung:

$$b_R = \frac{(187\text{ cm} + 2 \cdot 24\text{ cm}) \cdot \pi}{2} = 369\text{ cm}$$

$$F_R = \frac{369\text{ cm} - 51 \cdot 5{,}2\text{ cm}}{52} = 2{,}0\text{ cm}$$

Name:	Klasse:	Datum:

Bogen-konstruktionen I	11 Überdecken einer Öffnung mit einem Bogen

Informieren Sie sich im Lehrbuch über die Begriffe Sehnen und Tangenten.

1. Sie benötigen folgende Arbeitsmaterialien: Bleistift, Lineal (Maßstab), Zirkel. Bestimmen Sie dann zeichnerisch den Mittelpunkt des Kreises.
   a) durch Konstruktion zweier Sehnen. Verwenden Sie die Farbe Blau.
   b) durch Konstruktion zweier Tangenten. Verwenden Sie die Farbe Rot.

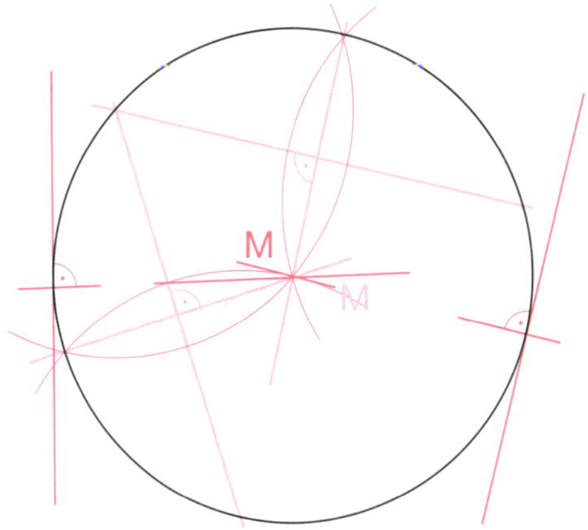

2. Konstruieren Sie einen **Segmentbogen** mit folgenden Abmessungen:

   Stichhöhe h = 2 cm

   Sehne s = 6 cm (ist bereits dargestellt)

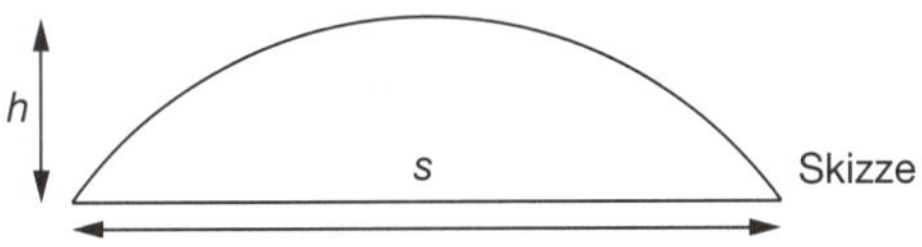

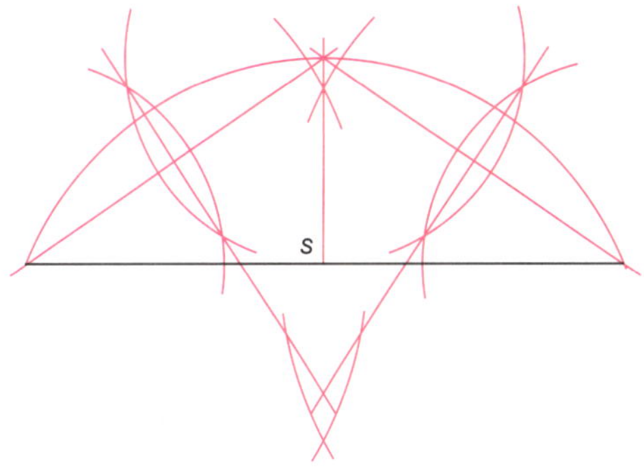

3. Zeichnen Sie einen Segmentbogen im Maßstab 1:20.

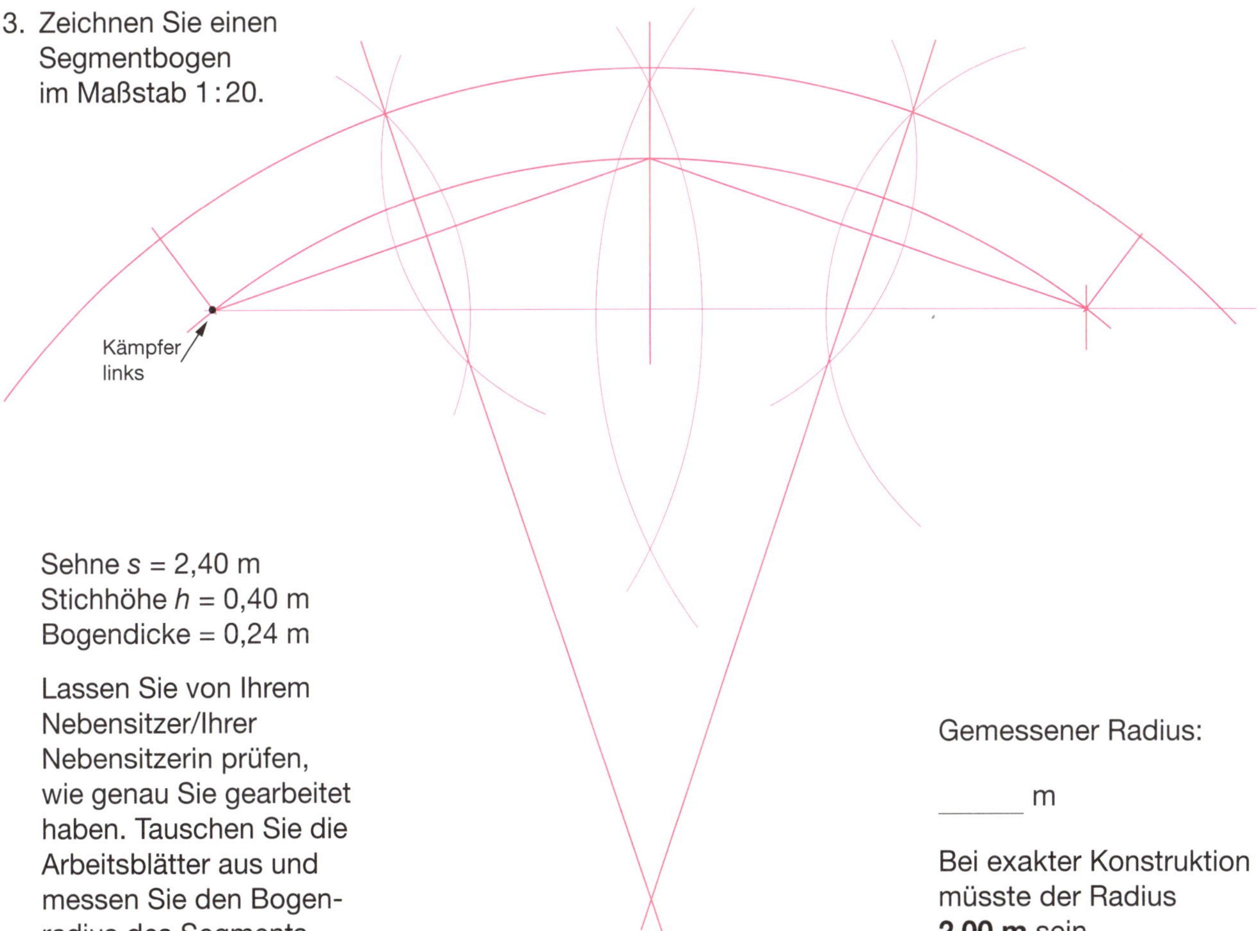

Sehne s = 2,40 m
Stichhöhe h = 0,40 m
Bogendicke = 0,24 m

Lassen Sie von Ihrem Nebensitzer/Ihrer Nebensitzerin prüfen, wie genau Sie gearbeitet haben. Tauschen Sie die Arbeitsblätter aus und messen Sie den Bogenradius des Segments.

Gemessener Radius:

______ m

Bei exakter Konstruktion müsste der Radius **2,00 m** sein.

Name: ______	Klasse: ______	Datum: ______

Copyright Verlag Handwerk und Technik, Hamburg

11 Überdecken einer Öffnung mit einem Bogen

Bogenkonstruktionen II

1. Berechnen Sie beim auf Seite 55 zu zeichnenden Segmentbogen (s = 2,40 m, h = 0,40 m, Bogendicke 24 cm)

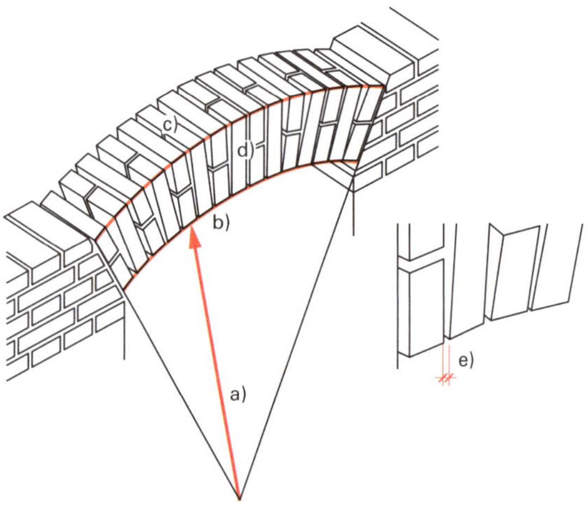

a) den Radius r $r = \frac{h}{2} + \frac{s^2}{8 \cdot h}$

$r = \frac{0{,}40\ \text{m}}{2} + \frac{(2{,}40\ \text{m})^2}{8 \cdot 0{,}40\ \text{m}} = 2{,}00\ \text{m}$

b) die Länge der Bogenlaibung b_L

$b_L = \frac{d \cdot \pi \cdot \alpha}{360°} \Rightarrow \alpha = 74°$ da $h = \frac{1}{6} s$

$b_L = \frac{4{,}00\ \text{m} \cdot \pi \cdot 74°}{360°} = 2{,}58\ \text{m}$

c) die Länge des Bogenrückens b_R

$b_R = \frac{(4{,}00\ \text{m} + 2 \cdot 0{,}24\ \text{m}) \cdot \pi \cdot 74°}{360°} = 2{,}89\ \text{m}$

d) die Schichtenanzahl n bei Format NF

$\frac{258\ \text{cm} - 0{,}5\ \text{cm}}{7{,}1\ \text{cm} + 0{,}5\ \text{cm}} = 33{,}9 \Rightarrow 33$ Schichten

e) die Fugendicke F_L der Bogenlaibung

$F_L = \frac{258\ \text{cm} - 33 \cdot 7{,}1\ \text{cm}}{33 + 1} = 0{,}69\ \text{cm}$

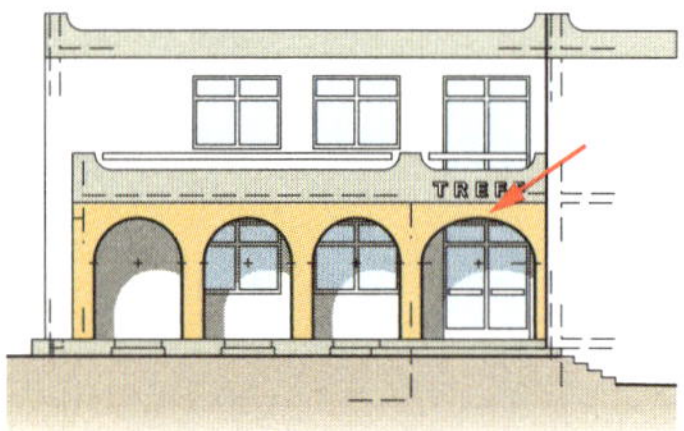

2. Aufgrund von Planungsänderungen soll der Korbbogen im Jugendtreff mit ***h* = 0,8 m** ausgeführt werden. Die Öffnungsbreite (s) bleibt gleich.

   a) Benennen Sie die Öffnungsbreite (s) anhand der Planunterlagen im Lehrbuch. $s = 2{,}63^5$ m

   b) Konstruieren Sie den Korbbogen im Maßstab 1:20. Halten Sie sich an die Anleitung im Lehrbuch, Abschnitt 11.5.2, Bogenkonstruktionen. Der linke Kämpferpunkt ist gegeben.

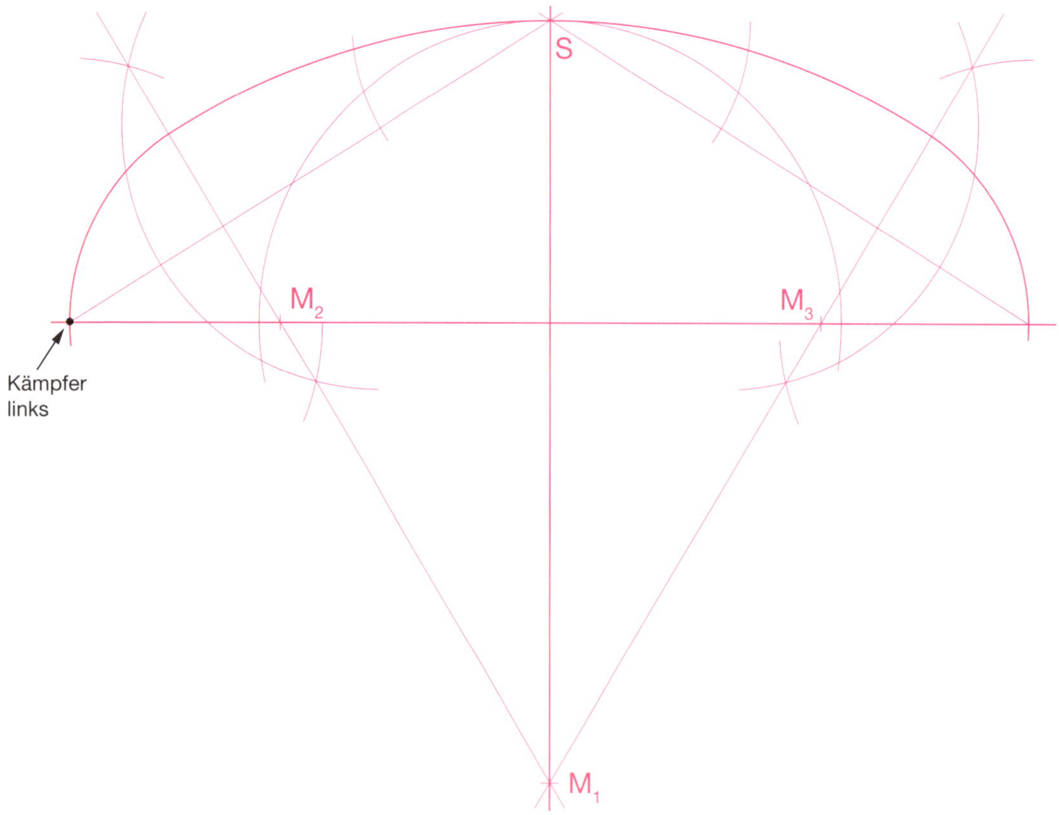

Name:

Klasse:

Datum:

12 Putzen einer Wand

Informieren Sie sich im Lehrbuch, Abschnitte 12.1 und 12.2.

1. Begründen Sie dem Bauherrn des Projektes „Jugendtreff" Ihren Vorschlag für einen dampfdurchlässigen Außenputz anhand der folgenden Darstellung.

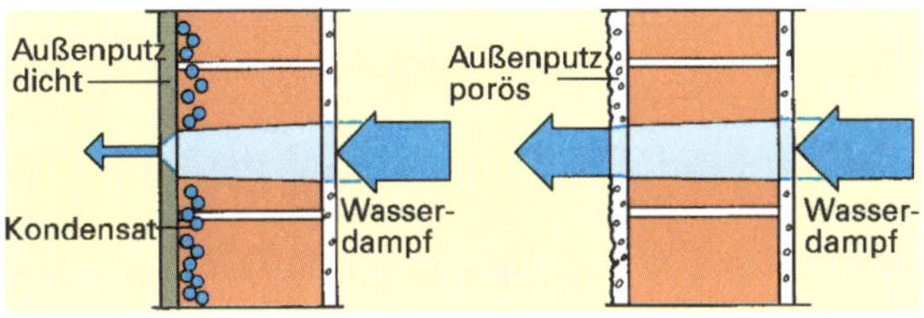

Auftretender Wasserdampf an der Innenseite der Außenwand kann bei einem dampfundurchlässigen Putz nicht nach außen diffundieren. Es bildet sich Kondenswasser im Inneren der Wand. Bei einem porösen Außenputz bleibt die Wand trocken, da eine gute Dampfdiffusion den Wasserdampf nach außen transportiert.

2. a) Beurteilen Sie den Putzgrund, wenn die Außenwände des Projektes „Jugendtreff" aus Leichtziegeln hergestellt werden. Geben Sie auch eventuell notwendige Maßnahmen an.

Maßgerecht: Bei einem Neubau kann der Außenputz in gleichmäßiger Dicke aufgetragen werden.

Rau: Die Oberfläche von Mauerwerk aus Leichtziegeln ist rau → guter Verbund mit dem Putzgrund.

Tragfähig: Gute Tragfähigkeit durch raue Oberfläche.

Einheitlich: ist gegeben → im Bereich der Stürze und Decken evtl. Putzträger

Saugfähig: Annässen bei Ziegelmauerwerk

b) Welche Probleme treten hinsichtlich des Putzgrundes bei einem Altbau aus Mischmauerwerk auf? Welche Lösung schlagen Sie vor?

Die Eigenschaften aus a) sind bei Mischmauerwerk unterschiedlich, deshalb wird ein Spritzbewurf als Ausgleichsschicht vorgeschlagen.

Name: Klasse: Datum:

Copyright Verlag Handwerk und Technik, Hamburg

12 Putzen einer Wand

Mörtelarten, Putzaufbau

Informieren Sie sich im Lehrbuch, Abschnitt 12.3 und 12.4.

1. Wählen Sie für die folgenden Wände des Projektes „Jugendtreff“ einen mineralischen Putz aus:

Wand	gewählter Putz	Eigenschaften
Außenwand Sockelbereich	Zementmörtel	dicht im Spritzwasserbereich, schwer zu verarbeiten
Außenwand Leichtziegel	Kalkzementmörtel	mit Sand diffusionsfähig, gute Haftfähigkeit
Innenwand Hochlochziegel	Mörtel mit Luftkalk oder Gipsmörtel	nehmen Feuchtigkeit auf und geben sie ab

2. Ordnen Sie die jeweiligen Funktionen den Putzlagen zu, indem Sie diese mit Pfeilen verbinden.

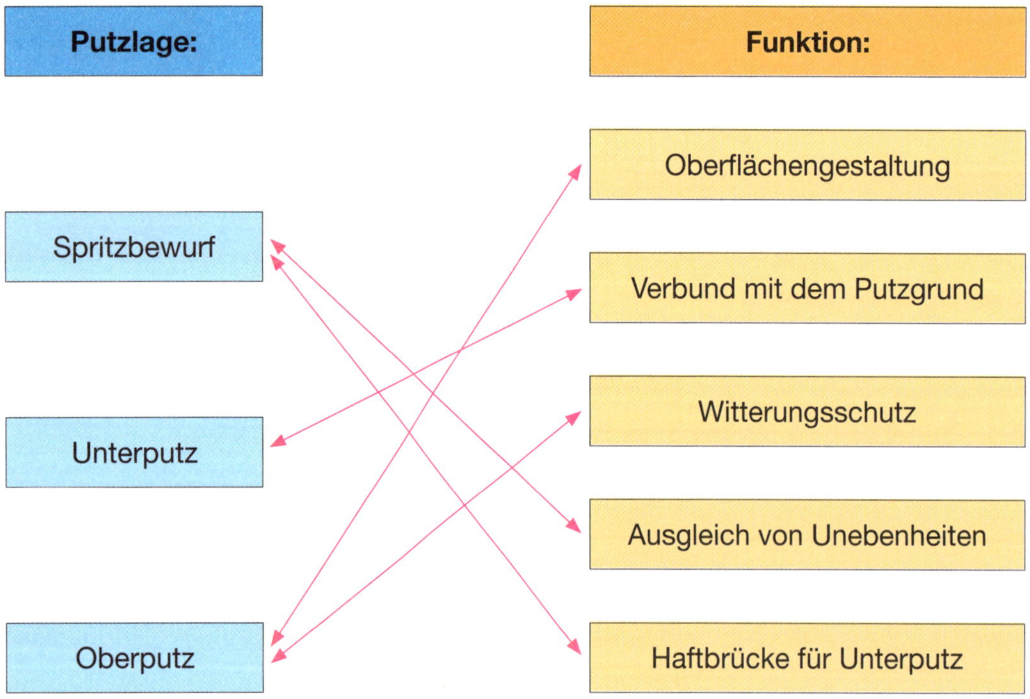

Name: ______ Klasse: ______ Datum: ______

12 Putzen einer Wand

Informieren Sie sich im Lehrbuch, Abschnitt 12.6.

1. a) Bezeichnen Sie den verwendeten Putzträger in einem Altbau und begründen Sie dessen Einsatz.

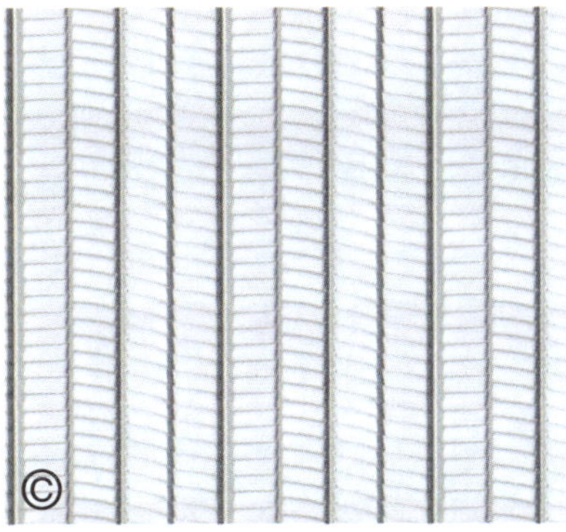

Bezeichnung:

Rippenstreckmetall

Begründung: Mischmauerwerk und rechts im Bild Fachwerk → unterschiedlicher Putzgrund → unterschiedliche Tragfähigkeit

b) Nennen Sie zwei weitere Arten von Putzträgern.

Ziegeldrahtgewebe, Glasgittergewebe

2. Erklären Sie die Aufgabe der dargestellten Putzbewehrung im Fensterbereich. Skizzieren Sie dazu das zu erwartende Rissbild, falls keine Putzbewehrung eingelegt würde, und eine weitere Möglichkeit für die Putzbewehrung.

Skizze Rissbild:

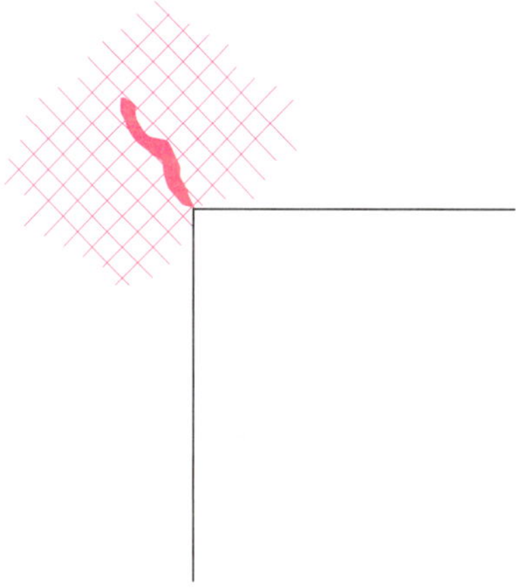

Erklärung: – Rissgefahr bei einspringenden Ecken → Armierung möglichst senkrecht zu den drohenden Rissen

– Kanten sind durch mechanische Einwirkungen gefährdet

Name:	Klasse:	Datum:

Copyright Verlag Handwerk und Technik, Hamburg

12 Putzen einer Wand

Oberflächen-gestaltung

Informieren Sie sich im Lehrbuch, Abschnitt 12.7.

1. Diskutieren und beschreiben Sie Ihren Eindruck der Fassadengestaltungen ① bis ④.

①

②

③

④

Fassade ① warme Farbe, modern, etwas dunkel, passt zum Stil …

Fassade ② helle Farbe, herkömmliche Gestaltung, passt zum Stil …

Fassade ③ helle Farbe ist empfindlich, herkömmliche Gestaltung …

Fassade ④ wirkt dunkel, trist, das Haus wirkt kleiner …

2. Fotografieren Sie mit Ihrem Handy zwei Fassaden, die Ihnen gefallen, drucken Sie diese aus und kleben Sie die Fotos in die vorbereiteten Rahmen. Diskutieren Sie Ihre Eindrücke.

Name: ______ Klasse: ______ Datum: ______

Wärmedämm-Verbundsysteme

12 Putzen einer Wand

Informieren Sie sich im Lehrbuch, Abschnitt 12.10.

1. a) Begründen Sie für das Projekt „Jugendtreff" die Anwendung eines Wärmedämm-Verbundsystems.

   - Einsparung von Heizkosten
   - Umweltschutz durch Energieeinsparung
   - Einhalten des Gebäudeenergiegesetzes (GEG)

   b) Bezeichnen Sie die Schichten des dargestellten Wärmedämm-Verbundsystems.

Klebemörtel zur Befestigung des Dämmstoffes

Wärmedämmstoff

Putzgewebe an den Ecken verstärkt

untere Putzschicht mit Putzgewebe

obere Putzschicht (Deckschicht)

Eckprofil als Kantenschutz

   c) Welche Funktion übernehmen die dargestellten Bestandteile eines Wärmedämm-Verbundsystems?

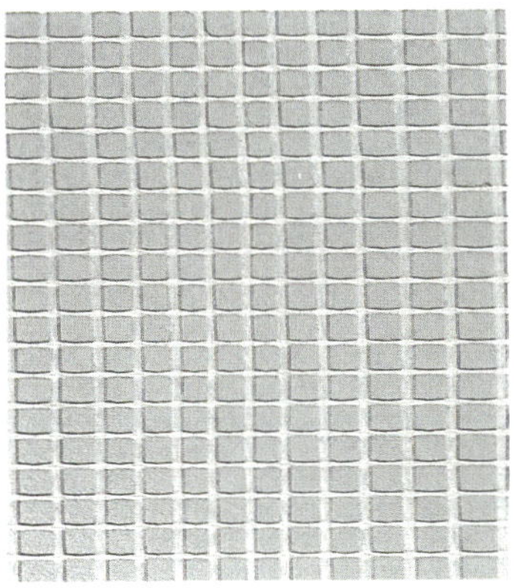

Gewebe als Bewehrung für Temperaturspannungen und Materialwechsel

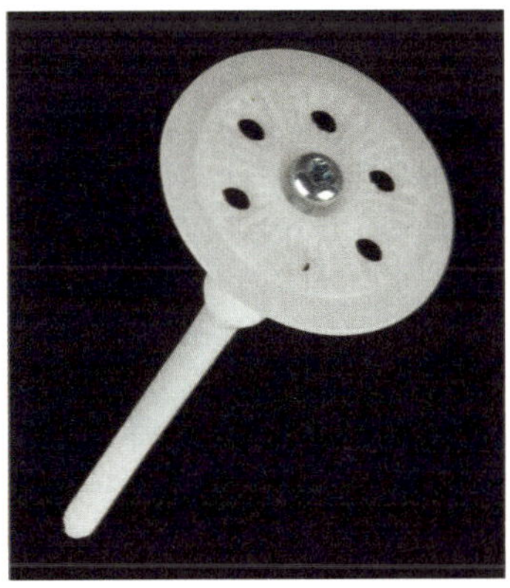

Dübel zur Sicherstellung der Standfestigkeit des Dämmstoffes

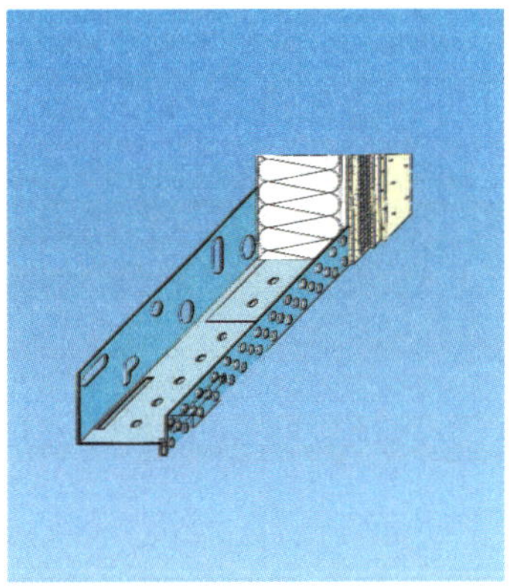

unteres Abschlussprofil mit Tropfnase – als Auflager der Schichten

Name: ______ Klasse: ______ Datum: ______

Copyright Verlag Handwerk und Technik, Hamburg

12 Putzen einer Wand

Oberfläche, Mörtelberechnung

Informieren Sie sich im Lehrbuch, Abschnitte 12.7 und 12.12.

1. a) Die Wände des Besprechungsraumes im „Jugendtreff" sollen mit einem weißen Strukturputz gestaltet werden. Die Putzdicke beträgt 15 mm. Berechnen Sie die Anzahl der zu bestellenden Säcke Trockenmörtel mit je 25 kg, wenn je Sack 23 l Frischmörtel hergestellt werden können. Der Verlust beträgt 10 %.

Putzfläche: $3{,}76 \cdot 3{,}03 + (2 \cdot 3{,}63^5 \cdot 3{,}03 - 0{,}88^5 \cdot 2{,}13^5)$
$+ [(3{,}76 - 2 \cdot 0{,}75) \cdot 3{,}03 + 2 \cdot 0{,}75\sqrt{2} \cdot 3{,}03 - 2 \cdot 0{,}76 \cdot 1{,}63^5$
$- 1{,}01 \cdot 1{,}63^5] = 40{,}67\ m^2$

Festmörtel/m^2: $0{,}015\ m^3 \mathrel{\hat=} 15\ dm^3 \mathrel{\hat=} 15\ l$

Frischmörtel/m^2: $15\ l/m^2$ + 10 % Verlust = $16{,}5\ l/m^2$

Frischmörtel: $16{,}5\ l/m^2 \cdot 40{,}67\ m^2 = 671{,}06\ l$ Frischmörtel

Anzahl Säcke: $671{,}06\ l : 23\ l/\text{Sack} = 29{,}18$ Säcke

zu bestellen sind 30 Säcke Trockenmörtel

b) Machen Sie Alternativvorschläge für die Gestaltung des Innenputzes (Struktur und Farbe). Recherchieren Sie dazu im Internet, drucken Sie zwei Möglichkeiten aus und kleben Sie diese Ausdrucke in die vorgesehenen Rahmen. Besprechen Sie Ihre Wahl mit Ihrem Mitschüler.

Name: ______ Klasse: ______ Datum: ______

Trockenbau	13 Herstellen einer Wand in Trockenbauweise

Informieren Sie sich im Lehrbuch, Abschnitte 13.1.1 und 13.1.2.

1. Erklären Sie stichwortartig den Fachbegriff „Trockenbau“.

Die zur Herstellung der Trockenbaukonstruktion notwendigen Bauelemente sind vorgefertigt und werden im Wesentlichen trocken zusammengefügt (verbunden).

2. Der Trockenbau bietet erhebliche Vorteile, hat aber auch Nachteile. Nennen Sie diese jeweils, indem Sie nachfolgende Übersicht ergänzen.

Vorteile:

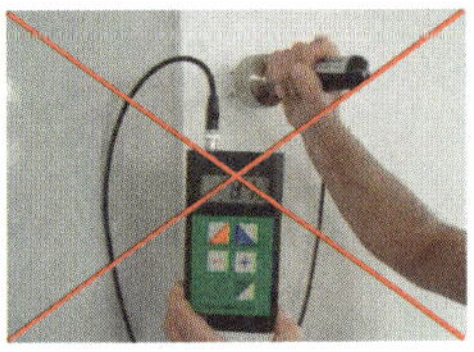

keine Baufeuchte

Brandschutz

Schallschutz

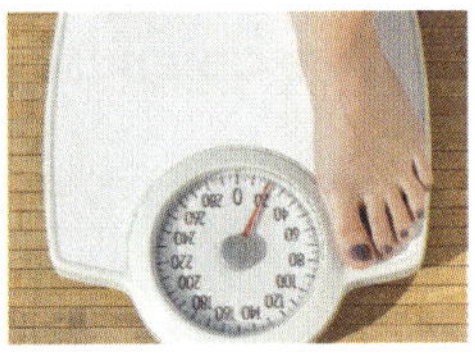

geringe Masse

Wärmeschutz

Zeitersparnis

Nachteile:

feuchteempfindlich

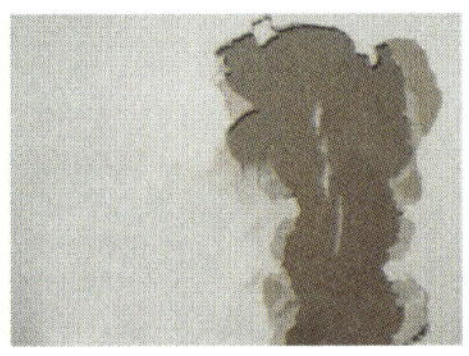

bruchempfindlich

Materialkosten

3. Ordnen Sie die nachfolgenden Trockenbaukonstruktionen jeweils richtig zu und nennen Sie einen Bereich in Ihrem Projekt, wo diese zur Anwendung kommen könnten.

① Wandtrockenputz: als Wandbekleidung

② Montagewände: als Raumtrennwände

③ Vorsatzschalen: als WC-Vorwandinstallation

④ Montagedecken: als abgehängte Decke

⑤ Trockenunterböden: als Trockenestrich

③ 

② 

⑤ 

① 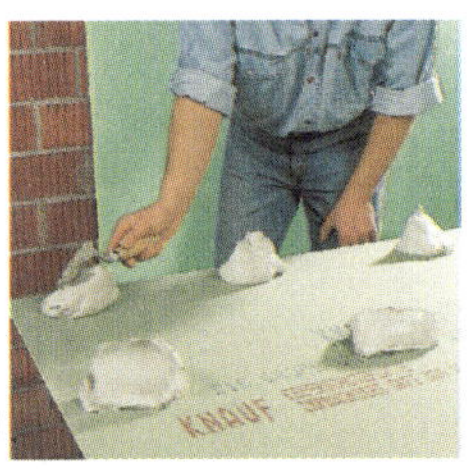

④ 

Name: ______ Klasse: ______ Datum: ______

Copyright Verlag Handwerk und Technik, Hamburg

13 Herstellen einer Wand in Trockenbauweise

Leichte Trennwände I

Informieren Sie sich im Lehrbuch, Abschnitte 13.1.3 und 13.1.4.

Bei nicht tragenden leichten Trennwänden wird zwischen „einschaligen Trennwänden“ und „Montagewänden“ unterschieden. Kreuzen Sie die richtigen Aussagen jeweils an.

1. Einschalige Trennwände …

- ◯ sind Wände in massiver Bauart aus massiven Baustoffen wie z. B. Beton.
- ⊗ werden mit speziellem Dünnbettmörtel im Verband gemauert.
- ◯ werden mit Normalmauermörtel vermauert.
- ⊗ sind Wände in massiver Bauart aus Baustoffen wie z. B. Gips.
- ◯ gibt es doch überhaupt nicht.

2. Montagewände …

- ⊗ bestehen aus einer Unterkonstruktion und einer beidseitigen Beplankung.
- ⊗ sind mehrschalige leichte, nicht tragende Trennwände in Ständerbauart.
- ◯ haben keinen Rasterabstand der Ständer.
- ⊗ haben in der Regel einen Rasterabstand der Ständer von 62,5 cm.
- ◯ werden immer nur montags hergestellt.

3. Bei den Montagewänden wird zwischen **Holzständer-** und **Metallständerwänden** unterschieden. Benennen Sie die nachfolgend dargestellten Skizzen, indem Sie die Bezeichnung a) und b) der jeweiligen Montagewand sowie deren Bestandteile ergänzen.

a) Holz-Einfachständerwand, einlagig beplankt

b) Metall-Einfachständerwand, einlagig beplankt

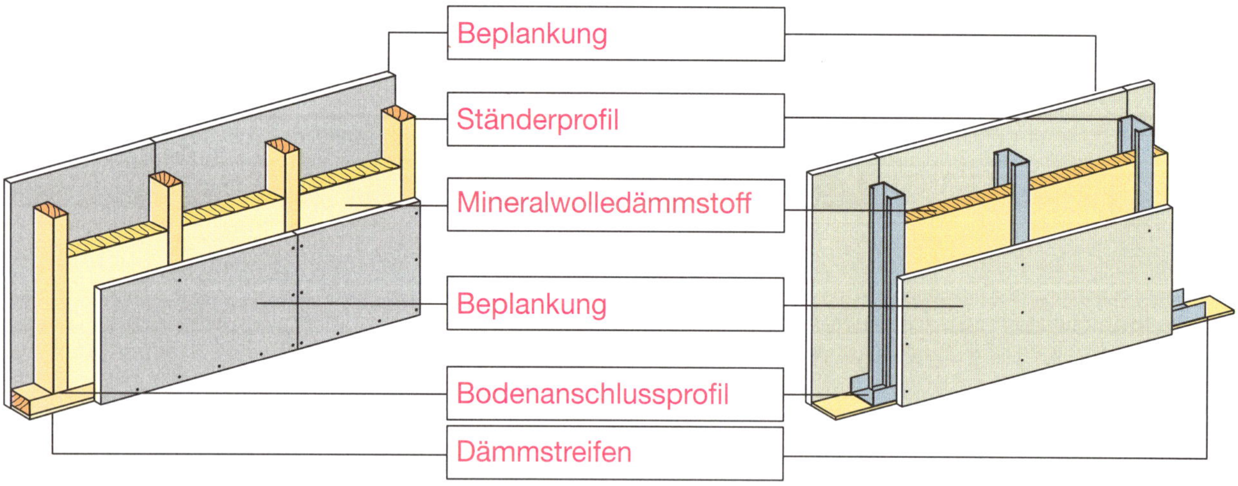

4. a) Erklären Sie stichwortartig den Begriff „**Doppelständerwand**“ und skizzieren Sie im vorgegebenen Kasten diese Wandkonstruktion im Grundriss mit starrem Wandanschluss.

Zwei nebeneinander angeordnete Unterkonstruktionen, von denen jeweils nur die Wandaußenseite mit Trockenbauplatten beplankt ist.

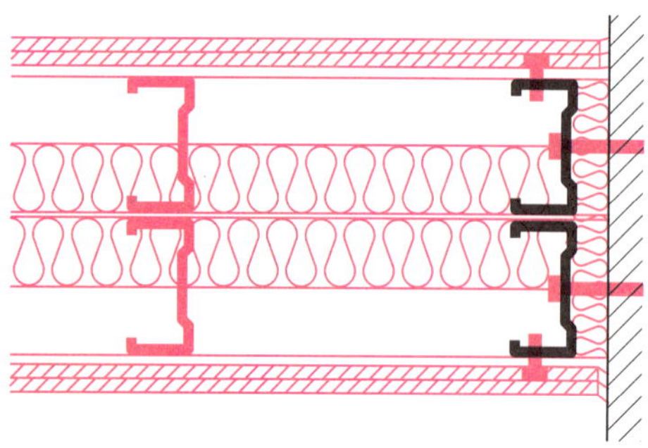

b) In welchem Bereich des Gebäudes wäre bei unserem Projekt diese Wand sinnvoll einsetzbar? (Begründung).

z. B. zwischen den Laborräumen (Schallschutz!)

Name: ______ Klasse: ______ Datum: ______

13 Herstellen einer Wand in Trockenbauweise

Informieren Sie sich im Lehrbuch, Abschnitt 13.2.1.

Planen Sie nun den Arbeitsablauf bei der Herstellung unserer Trennwand im Werkraum des Jugendtreffs, indem Sie zunächst die im Folgenden dargestellten Skizzen in die richtige Reihenfolge bringen und dann den jeweiligen Arbeitsschritt stichwortartig beschreiben.

W

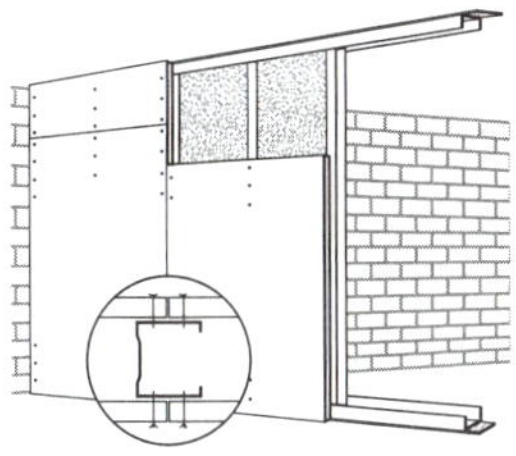

(6) Beplankung der 2. Wandseite mit Trockenbauplatten (Befestigung mit Schnellbau-schrauben)

B

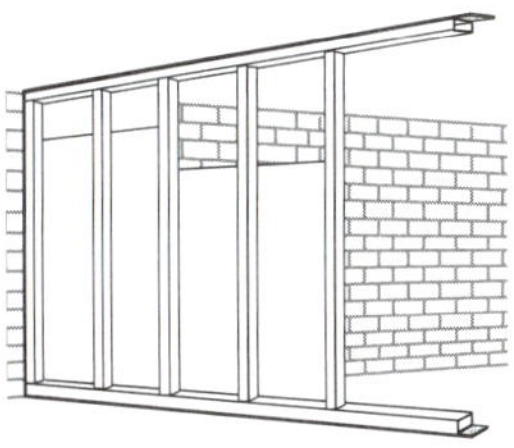

(4) Beplankung der 1. Wandseite mit Trockenbauplatten (Befestigung mit Schnellbau-schrauben)

K

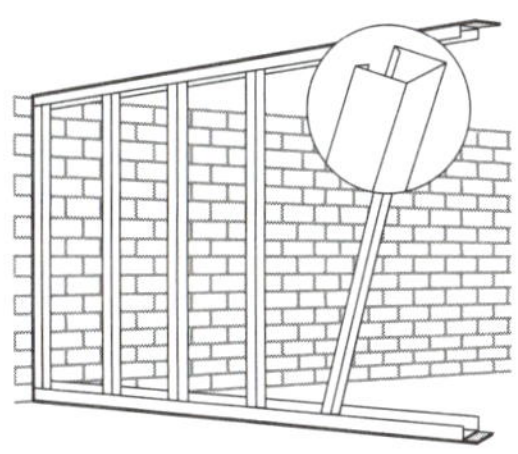

(3) Einbau der CW-Profile (Ständer) in die UW-Profile (Deckenanschluss) im Achsraster von 62,5 cm

I

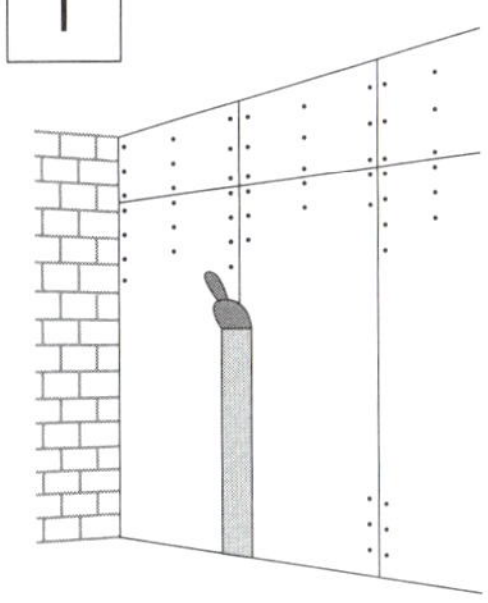

(7) Verspachtelung der Fugen mit Fugengips (je nach Plattenart evtl. Bewehrungs-streifen einlegen)

R

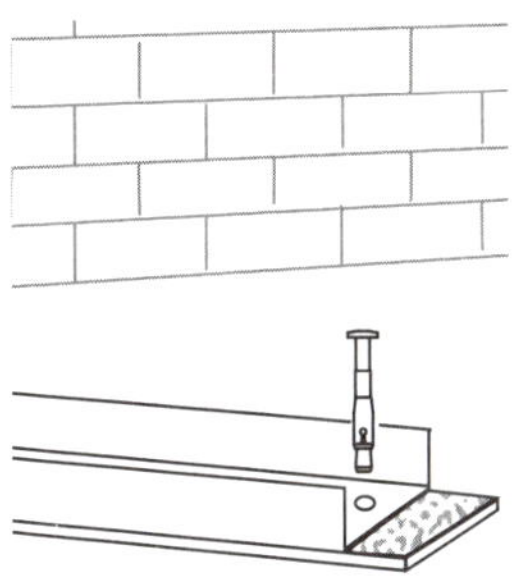

(2) Befestigung der UW-Profile (Deckenanschluss) mit Dübeln und Schrauben an Boden und Decke (Dämmstreifen einlegen)

A

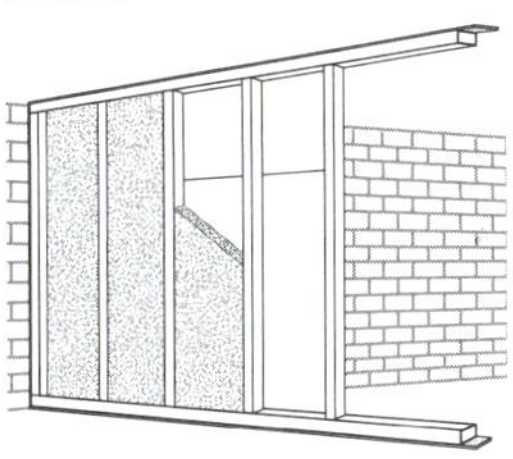

(5) Einbau des Mineral-wolledämmstoffs (Mindestdicke 40 mm)

T

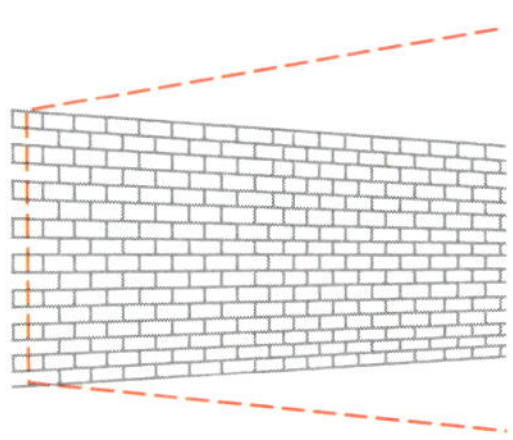

(1) Einmessen und Anreißen der Wandachse an Boden, Wand und Decke (Schlagschnur, Lot, Laser)

Vervollständigen Sie den folgenden Lösungssatz:
„Herstellung einer leichten Trennwand in

T	R	O	C	K	E	N	B	A	U	W	E	I	S	E

"

Name: ______ Klasse: ______ Datum: ______

Copyright Verlag Handwerk und Technik, Hamburg

13 Herstellen einer Wand in Trockenbauweise

Werkzeuge

Informieren Sie sich im Lehrbuch, Abschnitt 13.2.3, oder recherchieren Sie im Internet.

Bei der Herstellung der Metalleinfachständerwand mit Gipsplatten werden zur fachgerechten Herstellung verschiedene Werkzeuge benötigt. Wählen Sie nun die dazu notwendigen und geeigneten Werkzeuge aus und ergänzen Sie nachfolgende Tabelle.

Fachwerkzeug(e):	**Verwendungszweck:**
(3) Stanzzange (Krimperzange)	Verbindung der UW-Profile (Deckenanschluss) mit den CW-Profilen (Ständern)
(4) Messwerkzeuge (Laser, Lot, Meterstab)	Einmessen und Aufreißen der Wandachse an Boden, Wand und Decke
(6) Klingen- und Plattenmesser	Zuschneiden der Trockenbauplatten (Gipsplatten)
(12) Hohlraumdosenfräser	Herstellen von Öffnungen (z. B. Elektrodosen in der Beplankung)
(14) Surformhobel	Ebnen von Schnittstellen an Trockenbauplatten (Gipsplatten)
(15) Eck- und Schraubgriffspachtel	Herstellen von Ecken (Eckspachtel) bzw. ebenen Flächen (Schraubgriffspachtel)
(19) Handschleifer (mit Schleifpads)	Verschleifen der Fugen/Plattenstöße, Herstellen ebener Flächen
(20) Kantenhobel	Anfasen der Gipsplattenkanten mit unterschiedlichen Winkeln (22,5°/45°)
(21) Schnellbauschrauber	Befestigung der Trockenbauplatten mit Schnellbauschrauben an die CW-Profile

Name: ____________ Klasse: ____________ Datum: ____________

14 Herstellen von Estrich

Informieren Sie sich im Lehrbuch, Abschnitte 14 und 14.1, sowie im Tabellenbuch, Abschnitt „Estriche“.

1. Welche Aufgaben bzw. Anforderungen haben Estriche prinzipiell zu erfüllen?

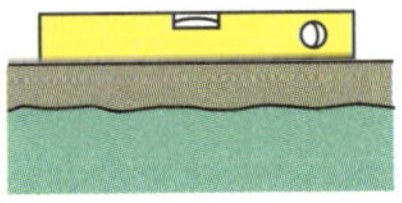

Untergrund ebnen

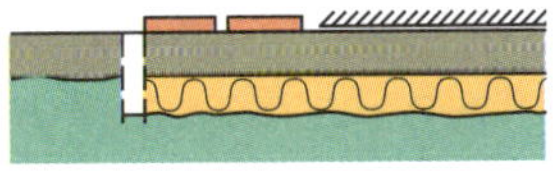

Fußbodenbeläge aufnehmen

Lasten aufnehmen

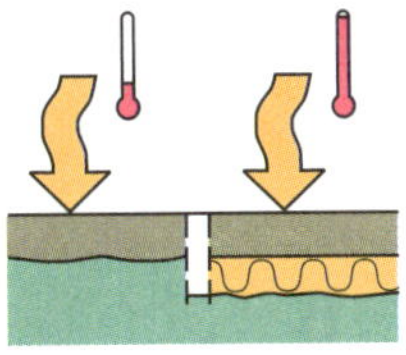

Wärmeschutz

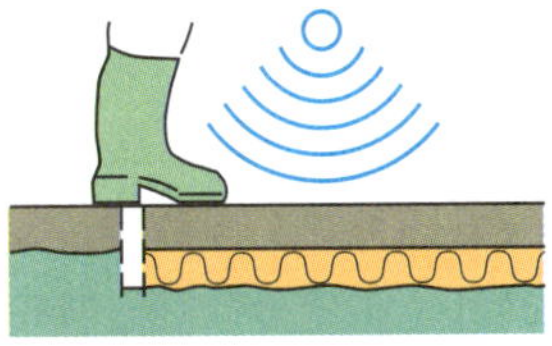

Schallschutz

2. Vervollständigen Sie das nachfolgende Schaubild zur Unterscheidung von Estrichen.

Estriche

werden unterschieden nach

Bindemittel	Verlegeart	Verlegetechnik
– Zementestriche (CT) – Calciumsulfat-estriche (CA) – Magnesia-estriche (MA) – Gussasphalt-estriche (AS) – Kunstharz-estriche (SR)	– Verbundestriche (V) – Estriche auf Trennschicht (T) – Estriche auf Dämmschicht (schwimmende Estriche (S))	– hand-/kellenverlegte Estriche – Fließestriche, selbstnivellierend – Fertigteilestriche (Trockenestriche)

3. Bei unserem Projekt wurde ein Estrich mit folgender Bezeichnung nach DIN EN 13813 eingebaut, erklären Sie diese: **CT – C20 – F5 – S45**

- CT: Zementestrich (Estrichart)
- C20: Druckfestigkeitsklasse 20
- F5: Biegezugfestigkeitsklasse 5
- S45: Schichtdicke 45 mm, auf Dämmschicht

Name: ____________ Klasse: ____________ Datum: ____________

Copyright Verlag Handwerk und Technik, Hamburg

14 Herstellen von Estrich

Estricharten, Estrichkonstruktionen I

Informieren Sie sich im Lehrbuch, Abschnitte 14.1.1 … 14.1.3, sowie im Tabellenbuch, Abschnitt „Estriche“.

1. Nach der Verlegeart werden drei unterschiedliche Estrichkonstruktionen unterschieden. Vervollständigen Sie die nachfolgende Tabelle, indem Sie die jeweilige Konstruktion nennen und skizzieren, die Bestandteile bezeichnen und Verwendungsbeispiele benennen.

Konstruktion (Skizze) mit Bestandteilen	Beispiel(e) bzw. Verwendung
Verbundestrich (V) 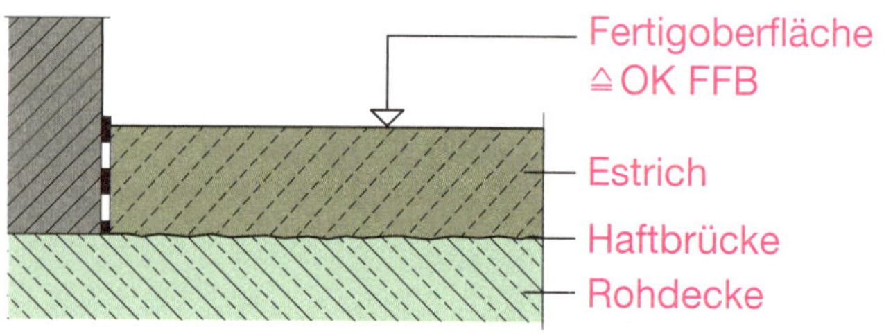 	– in untergeordneten Räumen (UG) mit direkter Nutzung – als Gefälleestrich in Nassräumen oder auf Terrassen – als Hartstoffestrich in Parkhäusern/ Industriebauten – als Kunstharzestrich für Ausbesserungsarbeiten
Estrich auf Trennschicht (T) 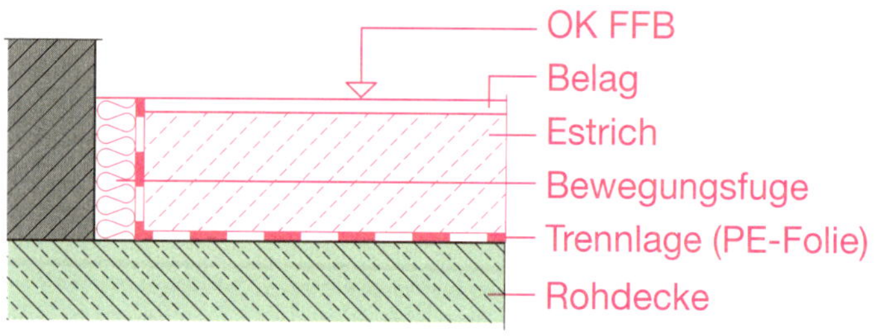 	– Heizräume – Wasch- und Trockenräume – Lagerräume
Estrich auf Dämmschicht (S) 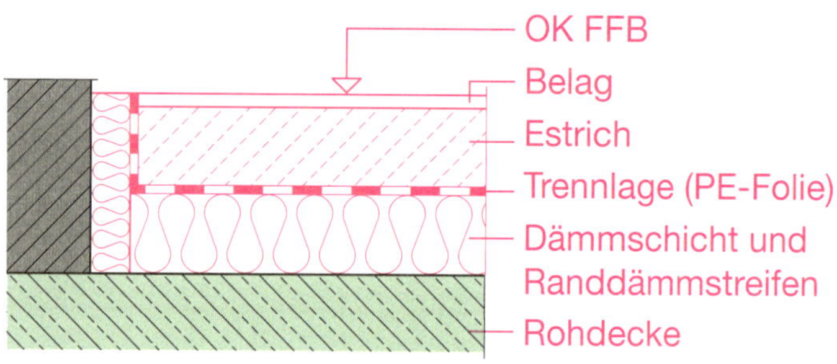 	– im Wohnungsbau mit Anforderungen an Schall- und Wärmeschutz (andere Bezeichnung: „schwimmender Estrich“)

2. Machen Sie einen Vorschlag (mit kurzer Begründung) für eine geeignete Estrichkonstruktion an Ihrem Projekt Jugendtreff für:

a) die Terrasse: Verbundestrich (V) als Gefälleestrich; Fertigoberfläche für direkte Nutzung

b) die Cafeteria: Estrich auf Dämmschicht (S); Anforderung an Schall- und Wärmeschutz

Name: ______ Klasse: ______ Datum: ______

14 Herstellen von Estrich

Informieren Sie sich im Lehrbuch, Abschnitte 14.1.1 … 14.1.3.

1. Um **Verbundestriche** (V) und **Estriche auf Trennschicht** (T) fachgerecht herstellen zu können, sind verschiedene Anforderungen zu beachten. Kreuzen Sie jeweils richtig an:

Verbundestriche (V) …

- ☒ sind vollflächig und kraftschlüssig mit dem Untergrund zu verbinden.
- ☐ sind rissüberbrückend, der Untergrund muss daher nicht rissfrei und fest sein.
- ☐ ermöglichen höheren Schallschutz als Estriche auf Dämmschichten.
- ☐ erfordern die Anordnung von Bewegungsfugen (Fläche >10 … 40 m^2).
- ☒ benötigen einen absolut sauberen und trockenen Untergrund. Freie und lose Teile sind zu beseitigen.

Estriche auf Trennschicht (T) …

- ☒ können sich vom Untergrund unabhängig bewegen.
- ☒ erfordern als Mindestdicke 35 mm bei Zementestrich.
- ☐ benötigen zur besseren Haftung auf dem Untergrund eine Haftemulsion.
- ☒ erfordern die Anordnung von Bewegungsfugen (Fläche >10 … 40 m^2).
- ☒ benötigen als Trennschichten entweder PE-Folien, Bitumenbahnen oder Glasvliesbahnen.

2. a) Für die Herstellung von **schwimmendem Estrich** (S) bei unserem Projekt sind die abgebildeten Arbeitsschritte in der richtigen Reihenfolge zu ordnen und zu erklären.

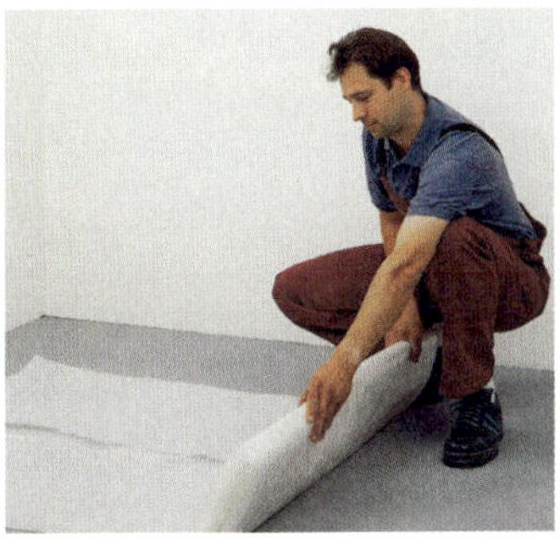

③ Trennschicht (PE-Folie) mit ≥ 10 cm überlappenden Stößen auslegen und am Rand hochziehen

① Randdämmstreifen an verputzter Wand anbringen, Installationen (Heizungsrohre) sorgfältig mit Dämmstreifen umhüllen

② Dämmschicht auf ebenem Untergrund verlegen (Dämmplatten mit dichtem Stoß oder im Verbund verlegen)

b) Nachfolgende Regeln sind bei der Ausführung noch zu beachten:

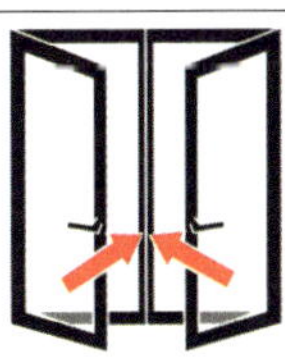

Fenster schließen oder Öffnungen mit Folie verschließen

Innentemperatur ≥ 5°C und möglichst ≤ 15°C ⇒ schnelles Austrocknen wird verhindert

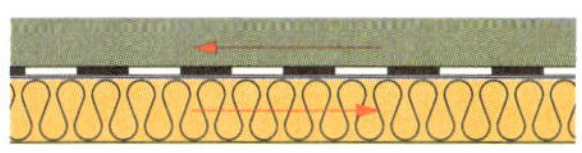

Trenn- und Dämmschicht dürfen bei Verteilung des Estrichmörtels nicht verschoben werden.

Name: ______ Klasse: ______ Datum: ______

Copyright Verlag Handwerk und Technik, Hamburg

14 Herstellen von Estrich

Informieren Sie sich im Lehrbuch, Abschnitte 14.1. ... 14.1.4.

1. Vervollständigen Sie nachfolgende Merksätze zu Estricharten und -konstruktionen.

Schwimmende Estriche sind im Wohnungsbau üblich. Sie bieten bei sorgfältiger Ausführung einen guten Schutz gegen die Übertragung von Tritt- und Luftschall. Schwimmende Estriche liegen auf einer stoßabfedernden Dämmschicht. Diese ist zusammen mit der Trennlage so zu verlegen, dass keine Rissbildungen entstehen können. Wie schwimmende Estriche können sich auch Estriche auf Trennschicht auf dem Untergrund frei bewegen und sind von begrenzenden Bauteilen durch Randdämmstreifen und Fugen zu trennen.

2. Für unser Projekt planen wir nun die Verwendung von Fließestrich.

a) Erklären Sie stichwortartig den Fachbegriff Fließestrich.

Werkseitig vorgemischter Trockenmörtel wird in Säcken oder im Silo geliefert; Aufbereitung mit Wasser auf der Baustelle; Pumpen des Estrichs an die Einbaustelle, Einbau mit steifem Besen. Verteilen, Abziehen, Verdichten entfällt („selbstnivellierend“)

b) Für die Anwendung von Fließestrich sind folgende Voraussetzungen notwendig:

- laufende Überprüfung der Mörtelkonsistenz (Ausbreitmaß)
- dichte, wannenförmige Ausführung der Trennschicht

c) Fließestriche können i. d. R. zwei Systemen zugeordnet werden. Nennen Sie diese sowie deren Vor- und Nachteile. Überlegen Sie Möglichkeiten für die Verwendung am Projekt.

- Calciumsulfatsystem (Anhydritbasis):

  nachteilig ist seine Feuchteempfindlichkeit, daher keine Anwendung in Feucht-/Nassräumen

  Verwendung am Projekt (Räume): Büroräume, Besprechungsräume

- Zementsystem:

  vorteilhaft ist sein günstiges Schwindverhalten, vielseitig einsetzbar, auch im Dauernassbereich

  Verwendung am Projekt (Räume): WC-Räume, Laborräume, Saal

Name:	Klasse:	Datum:

Informieren Sie sich im Lehrbuch, Abschnitt 14.1.5.

1. a) Weshalb müssen im Estrich **Fugen** angeordnet werden?

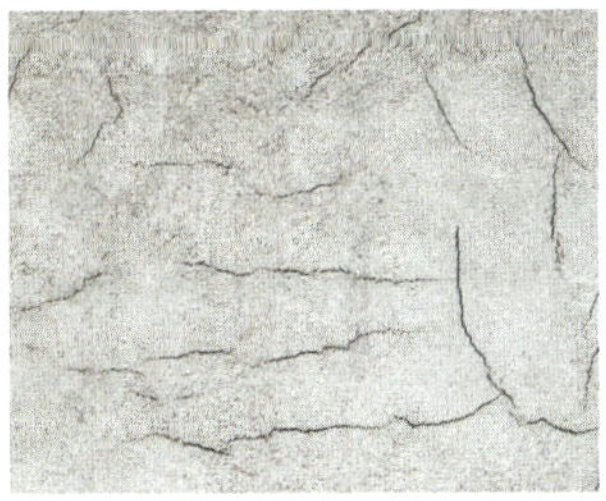

Durch Feuchtigkeitsabgabe des Estrichmörtels muss mit Schwinden gerechnet werden, bei Heizestrichen ist die Ausdehnung beim Erwärmen zu berücksichtigen.

b) Es gibt zwei Möglichkeiten der **Fugenausbildung** bei Estrichen. Nennen und erklären Sie diese.

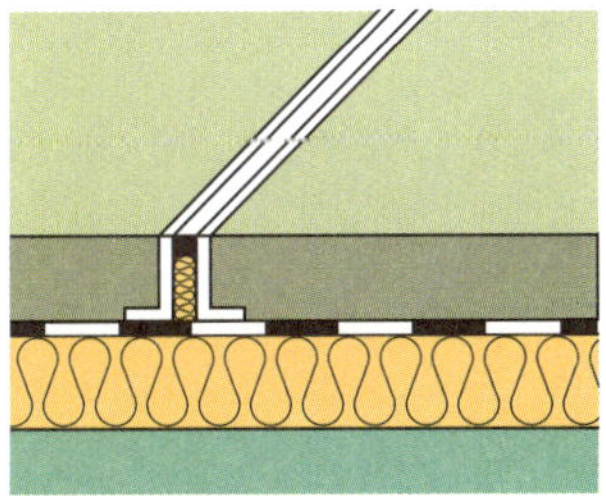

– Dehnungsfuge:
Einbau von Dehnungsfugenprofilen, die den Estrich in Felder (30 … 40 m^2) unterteilen; Fugenbreite etwa 10 mm.

– Scheinfuge:
Kellenschnitt (Schnitttiefe: $\frac{1}{3}$ der Estrichdicke) in den frischen Mörtel. Verhindert unkontrollierte Rissbildung. Nach 28 Tagen durch Kunstharz kraftschlüssig zu schließen.

2. Für das **Projekt** Jugendtreff ist für den Bereich des Saales der Estrich zu planen.

a) Machen Sie einen Vorschlag für einen geeigneten Estrich (mit Estrichart, Verlegeart und -technik) und begründen Sie diesen.

Zementestrich (CT) als Estrich auf Dämmschicht (S); Ausführung als Fließestrich (selbstnivellierend) ⇒ schneller Einbau, geringes Schwindmaß, guter Schall-/Wärmeschutz

b) Tragen Sie mit farbigen Stiften in den rechts dargestellten Grundrissausschnitt die Anordnung der notwendigen Fugen ein; Randdämmstreifen: blau; Scheinfuge(n): grün; Dehnungsfuge(n): rot.

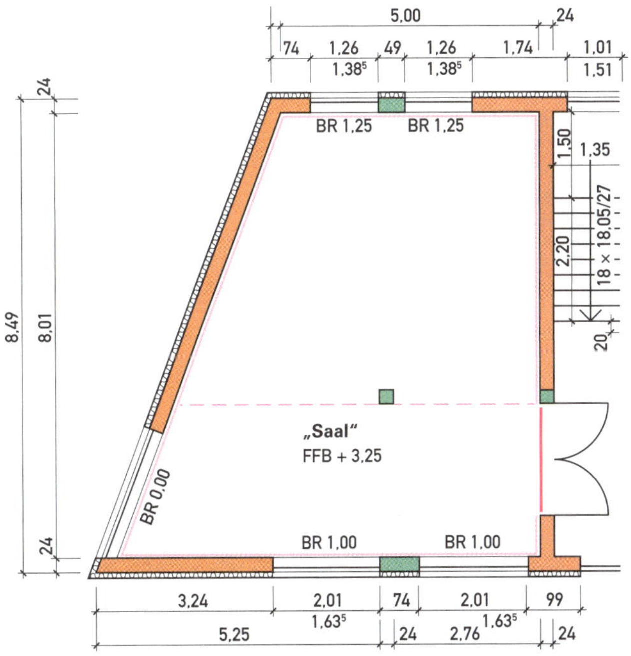

Name: Klasse: Datum:

Copyright Verlag Handwerk und Technik, Hamburg

14 Herstellen von Estrich

Schallschutz, Grundbegriffe

Informieren Sie sich im Lehrbuch, Abschnitte 14.2 und 14.2.1.

1. Prinzipiell werden zwei Schallarten unterschieden.

   a) Nennen und erklären Sie diese.

   – Luftschall:

   breitet sich in der Luft aus

   – Körperschall:

   breitet sich in festen Bauteilen aus

   b) Erklären Sie den Fachbegriff „Trittschall".

   Wichtige Art des Körperschalls, der bei Bewegungen auf einer Geschossdecke entsteht und als Luftschall in benachbarte Räume übertragen wird.

   c) Vervollständigen Sie obenstehende Grafik, indem Sie die richtigen Nummern einfügen.

   ① Luftschall ② Körperschall ③ Trittschall

2. Bewerten Sie die dargestellten Oberflächen hinsichtlich ihrer Schallabsorption.

☒ schlecht
○ gut

☒ schlecht
○ gut

○ schlecht
☒ gut

○ schlecht
☒ gut

○ schlecht
☒ gut

☒ schlecht
○ gut

Merke:

Baustoffe mit dichter und glatter Oberfläche haben eine starke Reflexion, einen großen Nachhall, daher eine schlechte Schallschluckung bzw. Schallabsorption. Mit entsprechend gestalteten Oberflächen kann der Nachhall in einem Raum geregelt werden.

Name: ____ Klasse: ____ Datum: ____

14 Herstellen von Estrich

Informieren Sie sich im Lehrbuch, Abschnitt 14.2.2.

Um die Anforderungen an die Luftschalldämmung zu gewährleisten, ist diese auch an unserem Projekt rechnerisch nachzuweisen.

1. a) Erklären Sie das nebenstehende Diagramm und leiten Sie einen Merksatz ab:

Je größer die flächenbezogene Masse einer einschaligen Wand ist,

desto größer ist das Schalldämm-Maß (besser ist die Schalldämmung).

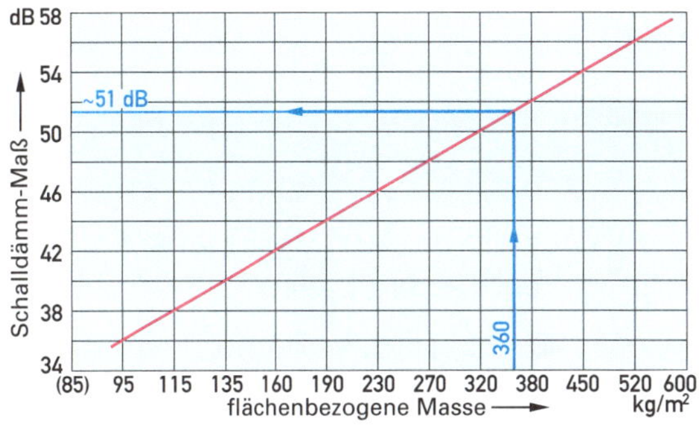

b) Für die einschalige Trennwand ① zwischen Garderobe und Besprechungsraum ist die Luftschalldämmung mithilfe des dargestellten Diagramms zu berechnen.
Für einschalige Trennwände wird ein Mindestwert von ≥ 53 dB gefordert.
Wandaufbau: 24 cm HLzA (HD-Ziegel), Rohdichte 1,8 kg/dm³; beidseitig je 1,5 cm Gipsputz, Rohdichte 1,2 kg/dm³.

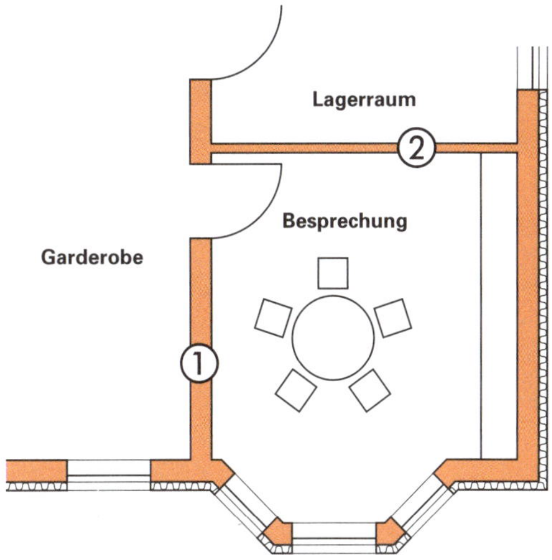

Mauerwerk HLzA $m_1 = 0{,}24\ \text{m} \cdot 1800\ \text{kg/m}^3 = 432\ \text{kg/m}^2$

Gipsputz beidseitig $m_2 = 2 \cdot 0{,}015\ \text{m} \cdot 1200\ \text{kg/m}^3 = 36\ \text{kg/m}^2$

$m = 468\ \text{kg/m}^2$

⇒ Diagramm ablesen: $R = 54$ dB ≥ 53 dB, Schallschutz reicht aus!

c) Berechnen Sie die Luftschalldämmung für die einschalige Trennwand ② zwischen Garderobe und Lagerraum. Geforderter Mindestwert: ≥ 53 dB. Wandaufbau: DIN 20000-402 – KS 16 – 2,2 – 2 DF; beidseitig je 1 cm Gipsputz, Rohdichte 1,4 kg/dm³.

Mauerwerk KS $m_1 = 0{,}11^5\ \text{m} \cdot 2200\ \text{kg/m}^3 = 253\ \text{kg/m}^2$

Gipsputz beidseitig $m_2 = 2 \cdot 0{,}01\ \text{m} \cdot 1400\ \text{kg/m}^3 = 28\ \text{kg/m}^2$

$m = 281\ \text{kg/m}^2$

⇒ Diagramm ablesen: $R = 48$ dB ≤ 53 dB, Schallschutz reicht **nicht** aus!
⇒ Mauerwerk (Steine) mit höherer Rohdichte bzw. größere Wanddicke wählen.

Name: Klasse: Datum:

Copyright Verlag Handwerk und Technik, Hamburg

Informieren Sie sich im Lehrbuch, Abschnitt 14.3.

1. a) Welche Voraussetzungen müssen Dämmstoffe im Bauwesen erfüllen?

Im Bauwesen dürfen nur genormte oder bauaufsichtlich zugelassene Dämmstoffe verwendet werden.

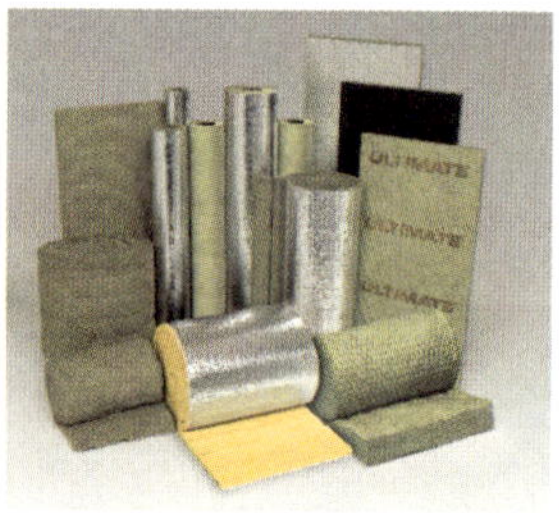

b) Weshalb müssen die Eigenschaften dieser Dämmstoffe deutlich gekennzeichnet sein?

Da einige Dämmstoffe ähnlich aussehen (z. B. siehe Bild, Mineralwolledämmstoffe), aber völlig unterschiedliche Eigenschaften haben, ist die Beachtung der Sicherheits- und Einbauvorschriften zwingend.

2. Im Folgenden ist unser Projekt als Schnittzeichnung dargestellt.

a) Benennen Sie mit den korrekten Kurzzeichen die einzelnen Dämmstoffe am Projekt.

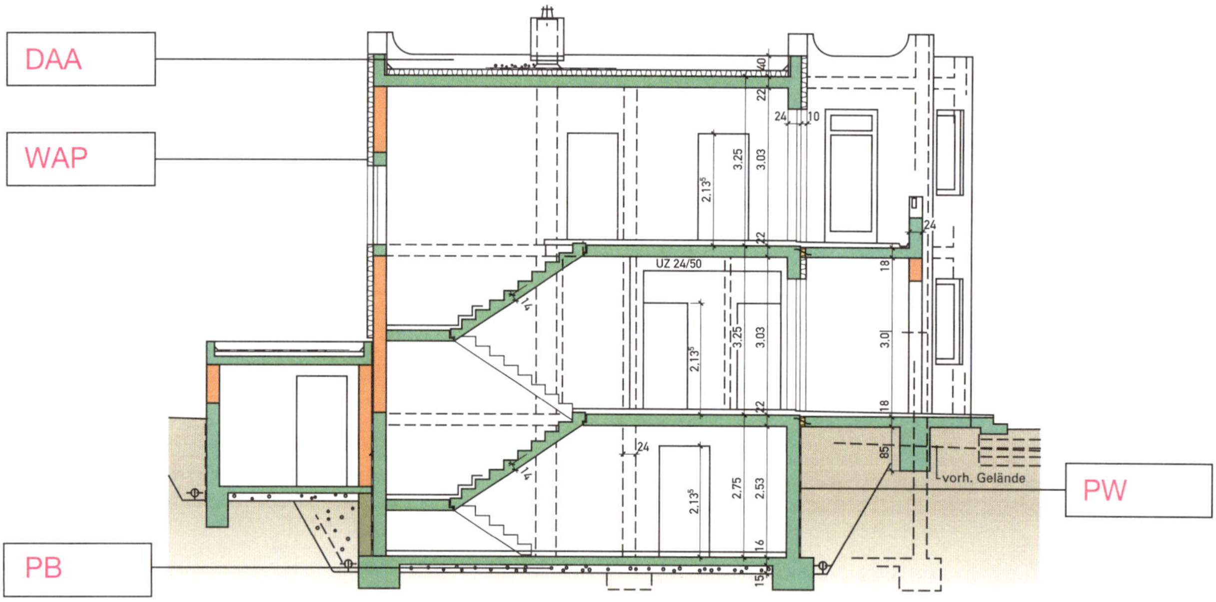

b) Erklären Sie nun die Bedeutung der oben verwendeten Kurzzeichen:

DAA ⇒ Dachaußendämmung

WAP ⇒ Außendämmung der Wand unter Putz

PB ⇒ außen liegende Wärmedämmung unter der Bodenplatte

PW ⇒ außen liegende Wärmedämmung von Wänden gegen Erdreich (Perimeterdämmung)

c) Welche Produkteigenschaft sollte der Dämmstoff des Flachdachs zusätzlich aufweisen? Beschreibung (mit Kurzzeichen):

hohe Druckbelastbarkeit (dh)

Name: Klasse: Datum:

Dämmstoffe II	# 14 Herstellen von Estrich

Informieren Sie sich im Lehrbuch, Abschnitte 14.3 und 14.4.

1. Vergleichen Sie die nachfolgend dargestellten unterschiedlichen Dämmstoffarten, indem Sie die Tabelle vervollständigen.

Bezeichnung	Holzwolle	Mineralwolle	PS-Hartschaum
Kurzzeichen	WW	MW	EPS
Norm	DIN EN 13168	DIN EN 13162	DIN EN 13163
Form	Platten	Platten, Matten, Filze	Platten, Platten mit Falz, Blöcke
Anwendungsbereich am Projekt	Außendämmung für Bauteile aus Beton, schwere Estriche	schwimmende Estriche, Trennwände, Flachdach	Außendämmung der Fassade, Flachdach, Perimeterdämmung
Schallschutz	○	⊗	○
Wärmeschutz	⊗	⊗	⊗

2. a) Der Bauherr möchte von Ihnen eine Beratung. Bei Ihrem Projekt sollen die Dämmstoffe Mineralwolle, Extruderschaum und Holzwolleplatten eingesetzt werden. Beurteilen Sie diese Dämmstoffe hinsichtlich ihrer Umweltfreundlichkeit.

Mineralwolle ⇒ Begrenzte Wiederverwendungsmöglichkeiten, persönliche Schutzausrüstung (PSA) beim Verarbeiten erforderlich

Extruderschaum ⇒ FCKW-haltig; gefährliche Gase bei Brand

Holzwolleplatten ⇒ geringe Einflüsse auf Umwelt; keine gesundheitlichen Risiken

b) Dämmstoffe wie z. B. Schaumglas gewährleisten einerseits einen guten Wärmeschutz, andererseits verursachen sie jedoch hohe Energiekosten bei der Herstellung. Wie kann man diesem Nachteil auf der Baustelle gerecht werden?

Indem diese Dämmstoffe sparsam verbraucht und sortenrein bei der Entsorgung getrennt werden.

Name:	Klasse:	Datum:

Copyright Verlag Handwerk und Technik, Hamburg

14 Herstellen von Estrich

Informieren Sie sich im Lehrbuch, Abschnitte 14.1 … 14.4, oder besser:
Benutzen Sie ihren Kopf!

Die nachfolgenden Fragen gehören zum Gitterrätsel auf der nächsten Seite. Die blau hinterlegten Kästchen ergeben das gesuchte Lösungswort.

Viel Erfolg und Freude beim Lösen!

1. eine Aufgabe von Estrich
2. Estrichart nach DIN EN 13813 mit Kurzzeichen „MA“
3. Estrich, der „sich selbst nivelliert“
4. anderer Begriff für „Fertigteilestrich“
5. mit Ausnahme des Zementestrichs muss der Untergrund folgendermaßen beschaffen sein
6. Estrichkonstruktion, die aus den Schichten: Belag, Estrich, Trennschicht auf Rohdecke besteht
7. wird er beim Herstellen von Estrichen auf Trenn- oder Dämmschicht vergessen, führt dies zu einer Schallbrücke
8. klingt wie ein Tier, wird aber bei der Herstellung von Fließestrich zum Nivellieren benötigt
9. sind bei Estrichfeldern alle 30 m^2 … 40 m^2 anzuordnen
10. diese werden mit der Kelle in den frischen Mörtel eingeschnitten und verhindern die unkontrollierte Rissbildung
11. eine Schallart
12. wird in Dezibel (dB) gemessen
13. eine wichtige Art des Körperschalls
14. ein anderer Begriff für „Schallschluckung“
15. einschalige Wände sind umso besser schalldämmend, je größer ihre ... ist
16. Kurzzeichen für Dachaußendämmung
17. Bezeichnung für eine Dämmung mit Dämmstoffkurzzeichen „DZ“
18. Dämmstoffbezeichnung mit Kurzzeichen „EPS“
19. negativer Einfluss von Schaumglas auf die Umwelt
20. welcher Dämmstoff ist nicht mehr zulässig, da krebserregend?

Name:	Klasse:	Datum:

14 Herstellen von Estrich

Ein wichtiger Inhalt von Kapitel 14 waren …

E S T R I C H K O N S T R U K T I O N E N

Name: ______________ Klasse: ______________ Datum: ______________

Copyright Verlag Handwerk und Technik, Hamburg

15 Herstellen einer Stützwand

Anforderungen Stützwandarten

Informieren Sie sich im Lehrbuch, Abschnitte 15.1 … 15.2.2.

1. Welche **Anforderungen** haben Stützwände zu erfüllen?
   - dahinterliegenden Boden abstützen
   - Abstützung von Verkehrswegen
   - Sichern von Uferböschungen gegen Unterspülung
   - müssen stand- und gleitsicher ausgeführt werden

2. Vervollständigen Sie das nachfolgende Schaubild zur Unterscheidung von Stützwänden.

Stützwandarten

Schwerlaststützwände	Winkelstützwände
Erklärung: Dem anfallenden Erddruck wird die Eigenlast des zusammenhängenden Mauerkörpers entgegengesetzt.	Erklärung: ausgesteifte Stützwände aus Stahlbeton, senkrechten Erdlasten (Auflasten können zur Lasterhöhung herangezogen werden)
Ausführung: aus natürlichen oder schweren künstlichen Steinen; Betonsteine in L/U-Form; Ortbeton mit Verblendung	Ausführung: L- oder T-förmige Querschnitte, ausgesteift rückseitig durch Rippen; mit Entlastungsplatte
Vor-/Nachteil: sehr standsicher, aber hoher Materialbedarf	Vor-/Nachteil: sehr wirtschaftlich, aber größere Aushubmassen

Skizze mit Bezeichnungen:

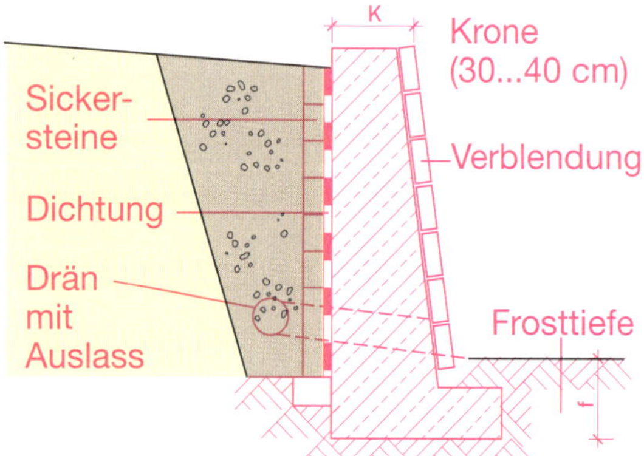

Skizze mit Bezeichnungen:

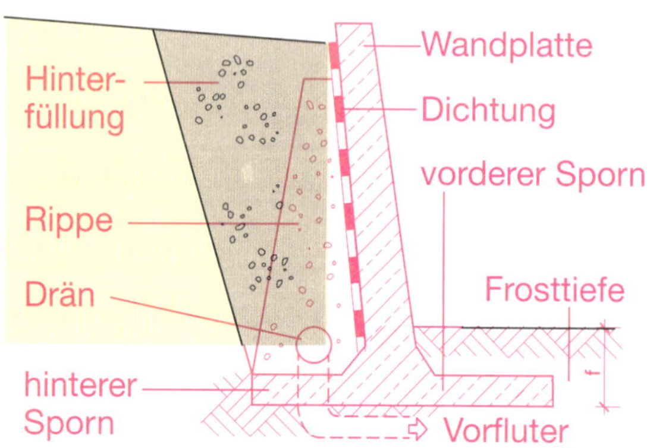

Name: ____________ Klasse: ____________ Datum: ____________

15 Herstellen einer Stützwand

Informieren Sie sich im Lehrbuch, Abschnitte 15.4.1 … 15.4.2.

1. Die Trägerschalung ist eine Art der Systemschalung, die in zwei Systeme unterteilt werden kann.

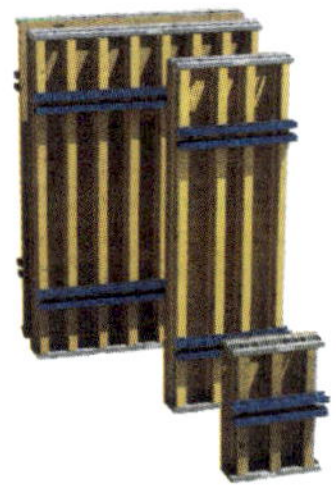

Ort der Montage:	auf der Baustelle	im Werk fertig montiert
Beschreibung/ Bestandteile:	Einzelne Systemteile wie **Schalungsträger** (Vollwand-/ Gitterträger), **Schalungsplatten** und **Stahlriegel** werden mit **Flanschklammern** zu fertigen Elementen verbunden. Träger werden mit **Aufstocklaschen** verbunden.	Die einzelnen Systemteile sind zu wenigen Elementgrößen (Standardgrößen) verbunden, mit denen jede Höhe und Länge geschalt werden kann. Verbindungslaschen und -bolzen verbinden die fertigen Elemente.

Bei beiden Systemen ist die Schalhaut frei wählbar. Ankerbild und Elementraster passen sich gestalterischen Vorgaben an. Richtstützen und Ausleger können an die Elemente über besondere Trägerkopfstücke angeschlossen werden. Stirnabschalungen erfolgen über Stirnlaschen.

2. Die andere Art der Systemschalung ist die Rahmenschalung. Beschreiben Sie stichwortartig Aufbau und Bestandteile der Rahmenschalung und überlegen Sie den Einsatz am Projekt.

Vorgefertigte **Rasterelemente** bestehen aus Rahmen mit Schalhaut in **bestimmten Elementgrößen**, Verbindung der Elemente durch **Richtschlösser** (z. B. BFD-Schloss, Fa. PERI) untereinander, Abstützung durch **Richtstützen**. Wirtschaftlicher Einsatz am Projekt bei Schalung der Wände im UG.

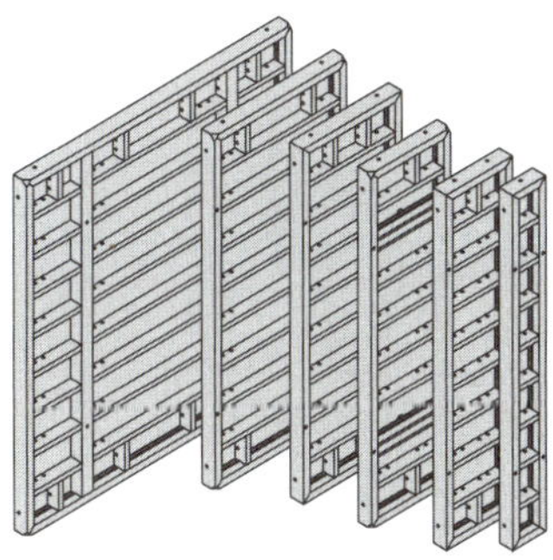
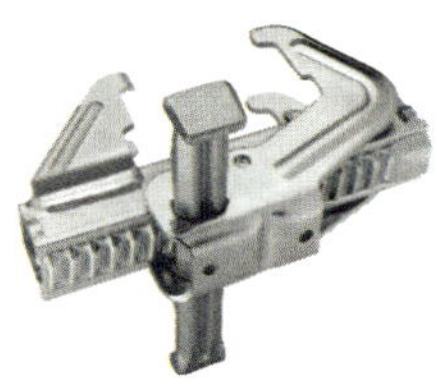

Name: ______ Klasse: ______ Datum: ______

Copyright Verlag Handwerk und Technik, Hamburg

15 Herstellen einer Stützwand

Verankerung, einhäuptige Schalung

Informieren Sie sich im Lehrbuch, Abschnitte 15.4.3 … 15.4.4.

1. Sowohl zum Verspannen von Schalungswänden bei systemlosen Schalungen als auch bei Systemschalungen werden Schalungsanker verwendet.
   Benennen Sie die Bestandteile des nachfolgend dargestellten Spannkonen-Systems.

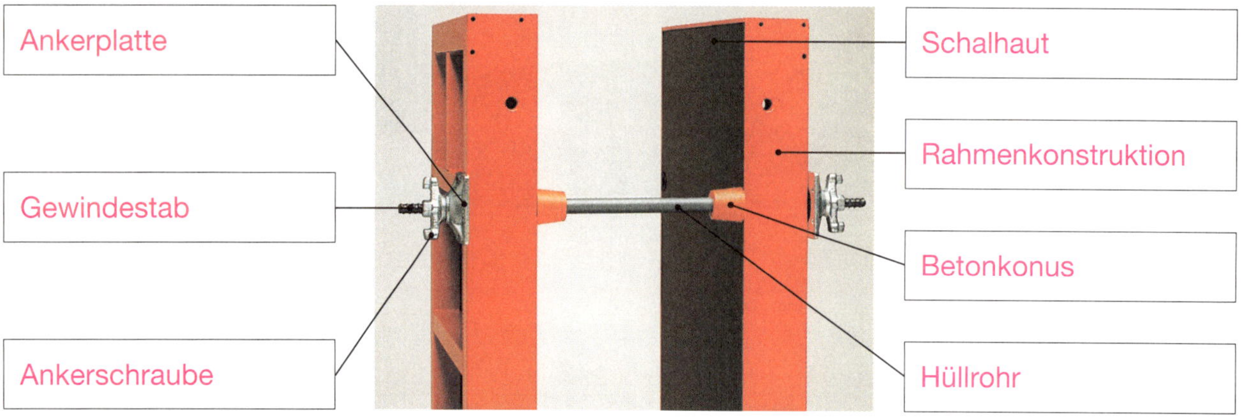

2. a) Erklären Sie den Fachbegriff „einhäuptige Schalung".

   Bei Stützwandschalungen sind horizontale Verankerungen nicht möglich. Der Frischbetondruck muss deshalb über äußere Abstrebungen (Abstützblöcke) aufgenommen und in den tragfähigen Untergrund abgeleitet werden.
   ⇒ „einhäuptige Schalung".

   b) Skizzieren Sie eine einhäuptige Schalung und benennen Sie deren Bestandteile.

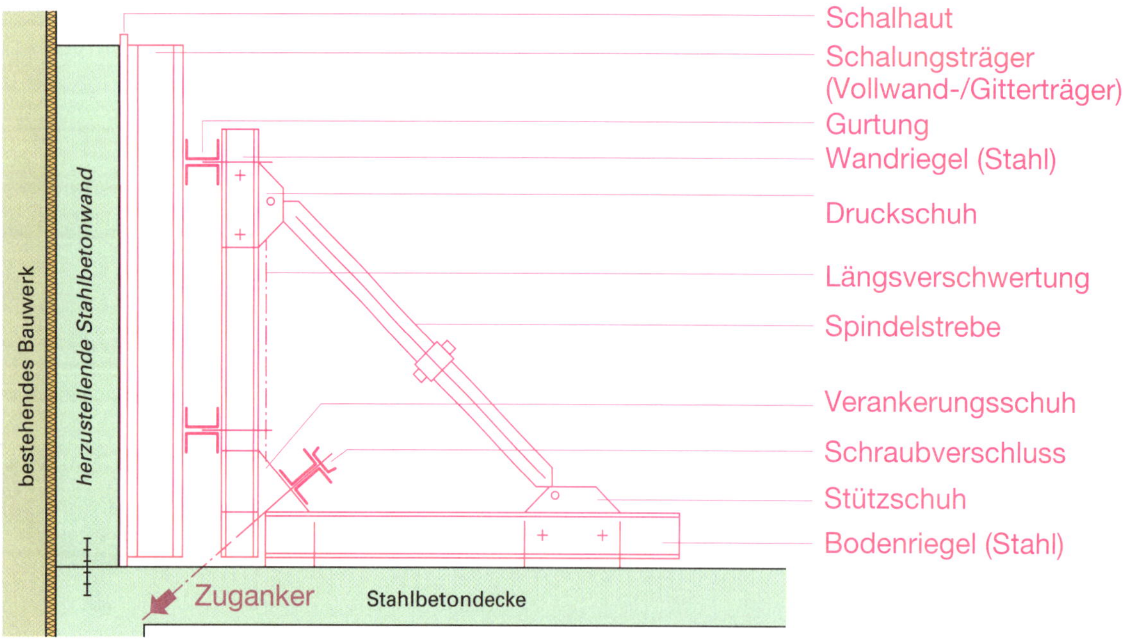

Name:	Klasse:	Datum:

15 Herstellen einer Stützwand

Informieren Sie sich im Lehrbuch, Abschnitte 15.5 und 15.5.1.

1. Erklären Sie den Fachbegriff „Sichtbeton“.

Als Sichtbetonoberfächen bezeichnet man Betonoberflächen, deren Oberflächen sichtbar bleiben und an die hinsichtlich ihres Aussehens besondere Anforderungen gestellt werden.

2. Zur Erzielung guter Sichtbetonoberflächen bei Stützwänden haben sich nachfolgende Regeln bewährt. Kreuzen Sie jeweils richtig an.

- [ ] Als Zementgehalt genügt ≥ 200 kg/m^3.
- [ ] Am besten Restwasser und Restbeton verwenden, das gewährleistet gleichbleibenden Farbton.
- [x] Um eine Entmischung zu verhindern, sind kurze Transportwege notwendig.
- [x] Der *w*/*z*-Wert sollte ≤ 0,55 sein, ggf. Verwendung eines verflüssigenden Betonzusatzmittels oder SVB.
- [x] Die Schalungsstöße müssen dicht sein.
- [x] Fallhöhe des Frischbetons ≤ 1,00 m.
- [x] Schon geringe Schwankungen des *w*/*z*-Wertes können zu erkennbaren Helligkeitsunterschieden führen.
- [ ] Das Trennmittel muss nicht speziell auf Schalung und Beton abgestimmt sein.
- [ ] Das Herstellerwerk und die Ausgangsstoffe können problemlos während der Bauzeit gewechselt werden.
- [x] Betonierlagen < 0,50 m.

3. Ihr Bauherr benötigt Ihren Rat, um sich für die Sichtbetonausführung der Stützwand an der Garagenrampe des Projekts entscheiden zu können.

a) Womit können nachfolgend dargestellte Sichtbetonoberflächen erzielt werden?

mit senkrechter Strukturmatrize

mit rauer, saugender Brettschalung

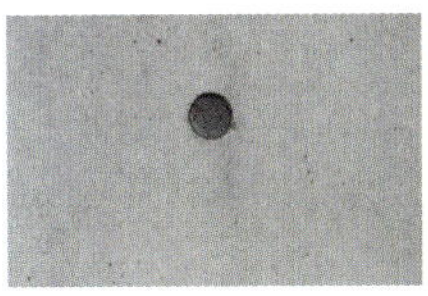

mit glatter, nichtsaugender Schalhaut

mit bossierter Oberfläche

mit Farbbeschichtung

b) Machen Sie einen Vorschlag, welche Sichtbetonklasse für die Stützwand nach DBV-Merkblatt „Sichtbeton“ zur Ausführung kommen sollte (mit kurzer Begründung).

Sichtbetonklasse mindestens SB2 ⇒ normale, gestalterische Anforderungen
besser: Sichtbetonklasse SB3 ⇒ hohe, gestalterische Anforderungen, aber wesentlich aufwendiger herzustellen

Name: ______ Klasse: ______ Datum: ______

Copyright Verlag Handwerk und Technik, Hamburg

15 Herstellen einer Stützwand

Beton mit hohem Wassereindring-widerstand

Informieren Sie sich im Lehrbuch, Abschnitt 15.5.2, und präsentieren Sie Ihre Ergebnisse vor der Klasse.

1. a) Erklären Sie stichwortartig den Fachbegriff „Beton mit hohem Wassereindringwiderstand“:

Die von diesem Beton geforderte „Wasserundurchlässigkeit“, d. h. Begrenzung des Wasserdurchtritts, wird durch Herstellung einer „weißen Wanne“ gewährleistet. Auch für Fugen und Einbauteile wird die Wasserundurchlässigkeit gefordert.

b) Welche Anforderungen schreiben die nachfolgenden Richtlinien vor?

– WU-Richtlinie (DAfStb-Richtlinie): Die Richtlinie „Wasserundurchlässige Bauwerke aus Beton“ schreibt folgende Minimalbauteildicken vor: Wände mindestens 20 cm, Bodenplatte mindestens 15 cm

– DIN 1045-2: Beton ist wasserundurchlässig, wenn Wasser nach der Normprüfung nicht tiefer als 5 cm in den Probekörper eindringt.

2. Je nach Einwirkung auf wasserundurchlässige Bauwerke werden zwei Beanspruchungsklassen unterschieden. Benennen Sie die jeweilige Beanspruchungsklasse und tragen Sie die anfallenden Wasserarten in die Skizzen ein.

Beanspruchungsklasse 1: Druckwasserbeanspruchung

Beanspruchungsklasse 2: Feuchtebeanspruchung

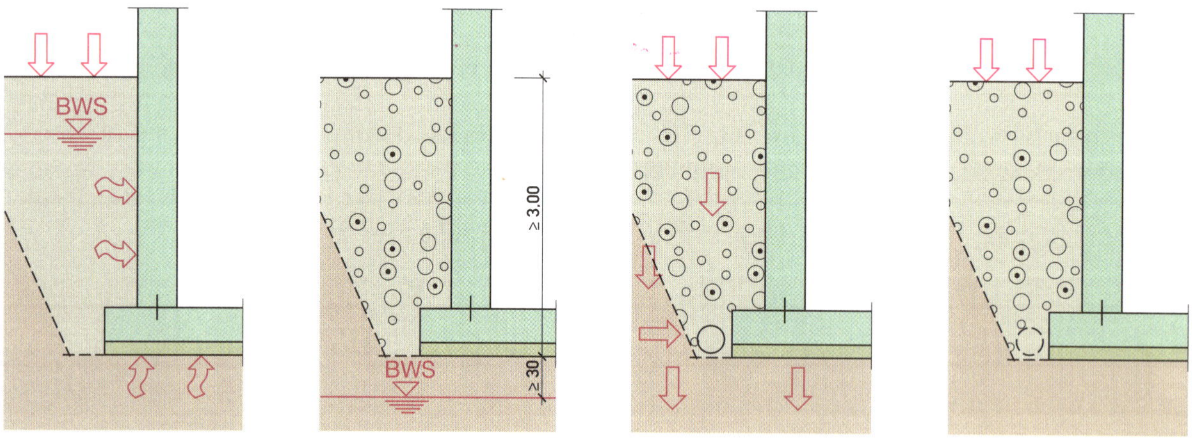

Bemessungswasserstand (BWS) | zeitweise aufstauendes Sickerwasser | nichtstauendes Sickerwasser | Bodenfeuchte

3. Welche Grenzwerte für die Betonzusammensetzung gelten nach DIN 1045-2 und DIN EN 206 für unsere Garagenstützwand am Projekt? Nennen Sie drei.

Da Bauteildicken am Projekt $d \leq 40$ cm, gilt: ① $w/z \leq 0{,}60$

② Betonmindestdruckfestigkeitsklasse C20/25 ③ Mindestzementgehalt 280 kg/m^3

Name: | Klasse: | Datum:

Selbstverdichtender Beton	15 Herstellen einer Stützwand

Informieren Sie sich im Lehrbuch, Abschnitt 15.5.3,
und präsentieren Sie Ihre Ergebnisse vor der Klasse.

1. a) Erklären Sie stichwortartig den Fachbegriff „selbstverdichtender Beton (SVB)“:

Unter dieser Art von Beton versteht man Beton als Baustoff, der ohne Verdichtung, allein unter dem Einfluss der Schwerkraft fließt, entlüftet sowie Bewehrungszwischenräume und Schalung vollständig ausfüllt (besondere Frischbetoneigenschaften sind notwendig).

b) Welche Richtlinie(n) gilt/gelten für den selbstverdichtenden Beton?

- ○ DIN EN 206
- ○ DIN 1045-2
- ⊗ DAfStb-Richtlinie „SVB“
- ○ DAfStb-Richtlinie „WU-Richtlinie“

2. a) Aufgrund seiner besonderen Frischbetoneigenschaften bietet selbstverdichtender Beton einige Vorteile. Nennen Sie zwei davon.

- guter Verbund zur Bewehrung, porenfreie Betonoberfläche (keine Kiesnester!), Verbesserung der Dauerhaftigkeit des Betons

- Wegfall der Arbeitsschritte „Verdichten“ und „lagenweiser Einbau“ bringen Zeitgewinn auf der Baustelle

b) Für welche Bauteile ist selbstverdichtender Beton (SVB) besonders geeignet?

feingliedrige Bauteile

Bauteile mit komplizierter Geometrie

Sichtbetonoberflächen

Wenn wegen des Lärmschutzes nicht mechanisch verdichtet werden kann

c) Überlegen Sie: Wäre SVB für unsere Garagenstützwand geeignet? (Begründung).

Einsatz von SVB wäre möglich, da Zeitgewinn auf der Baustelle und optimale Oberflächen erzielt werden (Nachteil: teuer!)

Name:	Klasse:	Datum:

Copyright Verlag Handwerk und Technik, Hamburg

15 Herstellen einer Stützwand

Spritzbeton

Informieren Sie sich im Lehrbuch, Abschnitt 15.5.6, und präsentieren Sie Ihre Ergebnisse vor der Klasse.

1. Erklären Sie den Fachbegriff „Spritzbeton“:

Beton, der in geschlossener Schlauch- oder Rohrleitung zur Einbaustelle gefördert und dort durch Anspritzen aufgetragen und dadurch gleichzeitig verdichtet wird. Wegen der guten Haftfähigkeit kann auf eine besondere Schalung verzichtet werden.

2. In welchen Anwendungsbereichen wird Spritzbeton allgemein eingesetzt?

Typische Anwendungsbereiche sind die Sicherung von losem Gestein und Boden.

zum Beispiel:
an Böschungen oder bei Baugruben

zum Beispiel:
Wandsicherung in Tunnelbauwerken

3. Auftragsverfahren:

Spritzverfahren

- Trockenspritzverfahren
  - Erklärung: Erdfeuchter Transportbeton oder Trockenbeton werden gefördert und erst beim Austritt an der Düse werden das erforderliche Zugabewasser und – wenn erforderlich – die Betonzusätze zugegeben.
- Nassspritzverfahren
  - Dünnstromverfahren
    - Erklärung: Grundmischung wird durch Spritzmaschine der Förderleitung zugeführt und mit Druckluft zur Düse gefördert.
  - Dichtstromverfahren
    - Erklärung: Grundmischung wird mit Pumpe zur Düse befördert, wo Treibluft zum Spritzen zugegeben wird.

4. Welche Regeln wären beim Einsatz von Spritzbeton bei unserem Projekt zu beachten?

Geeignete Betonzusammensetzung nötig, richtiger Düsenabstand zur Auftragsfläche, möglichst rechtwinkliges Auftragen des Betons.

Name: ____ Klasse: ____ Datum: ____

15 Herstellen einer Stützwand

Informieren Sie sich im Lehrbuch, Abschnitte 15.6 … 15.6.3.

1. Bei der Fugenausbildung wird zwischen drei Arten von Bauteilfugen unterschieden.

Fugenausbildung

Bewegungsfugen	**Arbeitsfugen**	Scheinfugen
Skizze: 	Skizze: 	Skizze: 

2. a) Welche Anforderungen werden an Bewegungsfugen gestellt?

Sie sollen Bewegungen zwischen den angrenzenden Bauteilen ermöglichen und Zwangsspannungen vermindern, so können unkontrollierte Rissbildung und zu große Rissbreiten vermieden werden.

b) Nur Dehnfugenbänder dürfen für Bewegungsfugen in wasserundurchlässigen Baukörpern eingesetzt werden. Benennen Sie in der nachfolgenden Skizze des Dehnfugenbands den Dehn- sowie Dichtteil und erklären Sie jeweils deren Aufgaben.

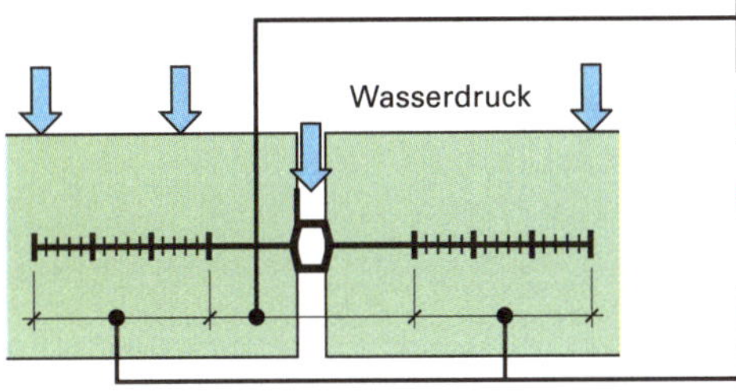

Dehnteil: muss Wasserdruck und Bewegungsunterschiede der angrenzenden Bauteile aufnehmen.

Dichtteil: muss den Durchgang des Wassers an einbetonierten Fugenbandschenkeln verhindern.

3. Es werden zwei Arten von Dehnfugenbändern unterschieden.

a) Vervollständigen Sie dazu die nachfolgend dargestellte Tabelle.

Form	Bezeichnung	Anwendungsbereich
	innen liegendes Dehnfugenband	für dicke Bauteile, die drückendem Wasser ausgesetzt sind
	außen liegendes Dehnfugenband	für Bauteile mit geringer Dicke

b) Wählen Sie für die Stützwand an der Garageneinfahrt das Geeignete aus (Begründung).

außen liegendes Fugenband, da Wandstärke gering (30 cm) und einfacher Einbau durch Befestigung auf der Schalhaut

Name: ______ Klasse: ______ Datum: ______

Copyright Verlag Handwerk und Technik, Hamburg

15 Herstellen einer Stützwand

Arbeitsfugen

Informieren Sie sich im Lehrbuch, Abschnitt 15.6.2, sowie zur Wiederholung im Abschnitt 4.4.2.

1. Welche Anforderungen werden an Arbeitsfugen gestellt?

Bei zeitlich getrennten Betonierabschnitten entstehen Arbeitsfugen; Arbeitsfugen müssen geplant werden und sind in besonders beanspruchten Bereichen (enggliedrige Bewehrung, hohe mechanische Beanspruchung, starker chemischer Angriff) zu vermeiden.

2. Nennen Sie vier Möglichkeiten der Arbeitsfugenausbildung, indem Sie die nachfolgende Tabelle vervollständigen.

Form	Bezeichnung	Anwendungsbereich
	außen liegendes Fugenband	Fugenband wird in die Außenschalung eingelegt und mit einbetoniert
	innen liegendes Fugenband	Bei der Herstellung der Sohle wird ein ca. 15 cm hoher Sockel mitbetoniert, das Band läuft über der oberen Bewehrung durch.
	Fugenblech	Das Fugenblech wird in den mitbetonierten Sockel eingestellt. Stöße mindestens 30 cm Überlappung, seitlich 5 cm Blechabstand
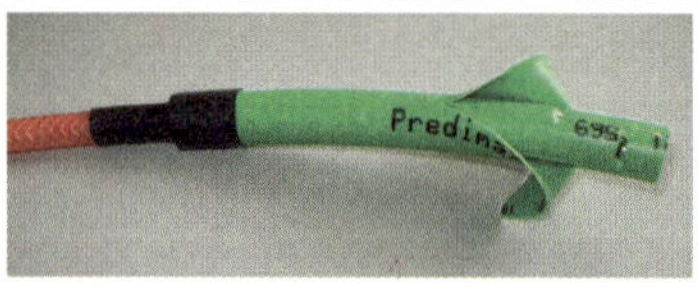	Injektionsschlauch	Injektionsschlauch wird eingelegt; nachträglich Verpressung mit Polyurethan

3. Machen Sie beim Projekt dem Bauherrn zwei Vorschläge für die Arbeitsfugenausbildung zwischen Fundamentplatte und Stützwand und vervollständigen Sie dabei die Skizzen.

Vorschlag 1: außen liegendes Fugenband	Vorschlag 1: innen liegendes Fugenband
Ausführung: Fugenband wird an die Außenschalung angeheftet und mit einbetoniert ⇒ Vorteil: Bewehrung läuft ungestört durch 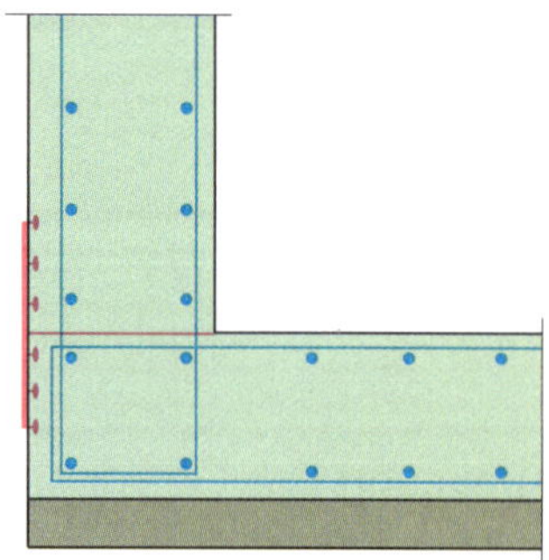	Ausführung: Betonieren einer ca. 15 cm hohen Aufkantung (Sockel), Band läuft über die obere Bewehrung der Sohle durch ⇒ aufwendiger! 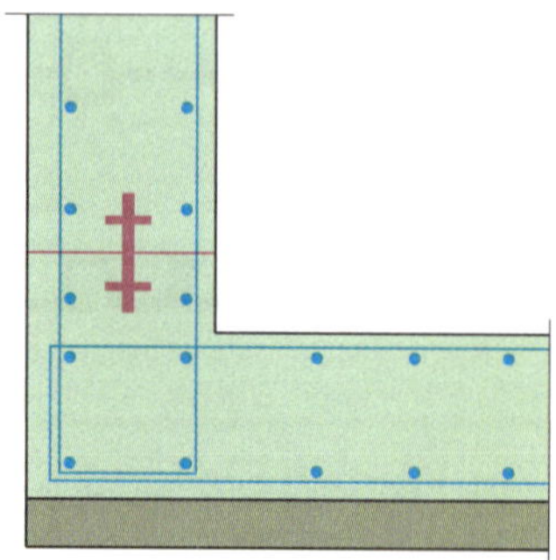

Name: Klasse: Datum:

Schalung, Fugen I

15 Herstellen einer Stützwand

Informieren Sie sich im Lehrbuch, Abschnitte 15.1 … 15.6.2, oder besser:
Benutzen Sie ihren Kopf.

Testen Sie sich! Spielen Sie Domino!
Die richtige Reihenfolge des nachfolgend abgebildeten Dominos ergibt den gesuchten Lösungssatz.

Viel Erfolg und Freude beim Lösen!

Stahlfaserbeton nach DIN EN 206 DIN 1045-2 | E | 12

Hier gilt: WU-Richtlinie, DIN 1045-2 DIN EN 206 | S | 10

SVB

S

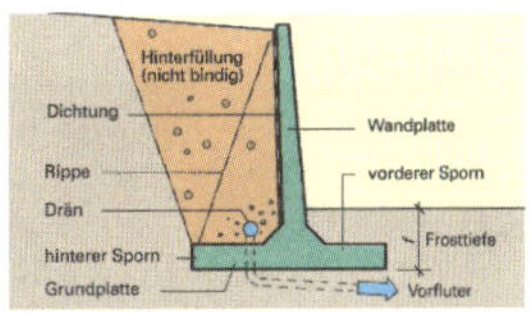

3

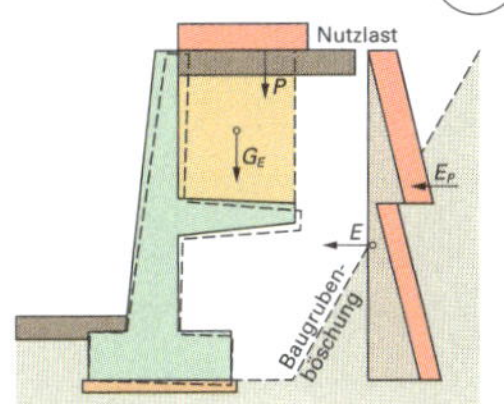

Träger-schalung für eine Stützwand | L | 5

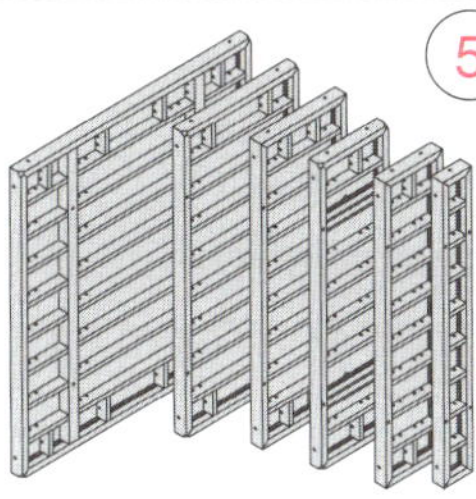

Bewegungs-fuge in einer Stützwand | Z | 14

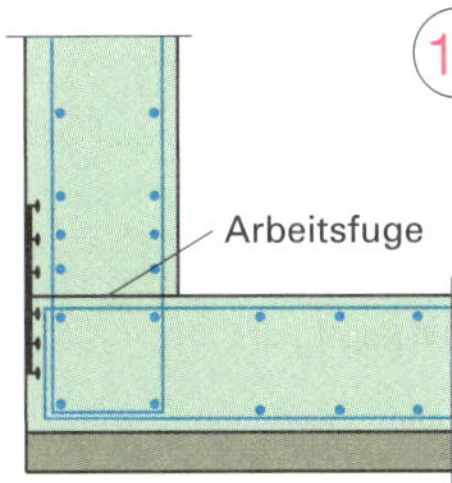

D

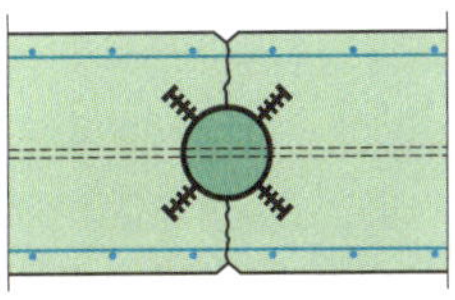

17

Ziel!

Sichtbeton mit Rahmen-schalung hergestellt | N | 8

Name: ______ Klasse: ______ Datum: ______

Copyright Verlag Handwerk und Technik, Hamburg

15 Herstellen einer Stützwand

Lösungssatz:

H	E	R	S	T	E	L	L	E	N

E	I	N	E	R

S	T	U	E	T	Z	W	A	N	D

Standardelemente einer Rahmenschalung — E

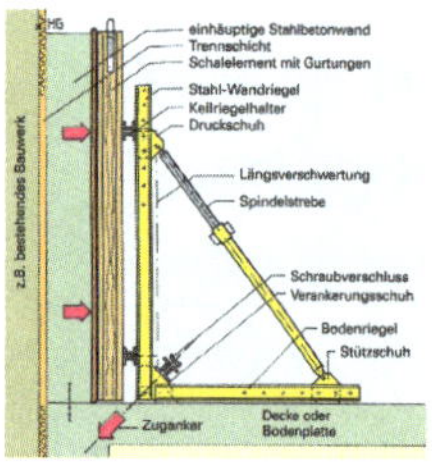

6

Schalungsabstützbock für einhäuptige Schalung — E

7

Start — H

Schwerlast-Stützwand in Ortbeton mit Verblendung — 1

Selbstverdichtender Beton — T

11

nachträglich bearbeitete Sichtbetonoberflächen — R

9

Sicherung einer Baugrube mit Spitzbeton — T

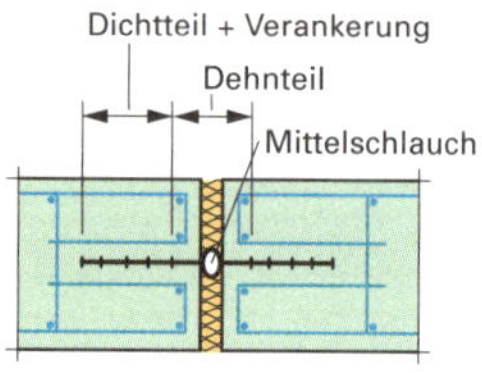

13

Arbeitsfuge mit innen liegendem Fugenband — N

Scheinfuge mit Dichtungsrohr — 16

Arbeitsfuge mit außen liegendem Fugenband — W

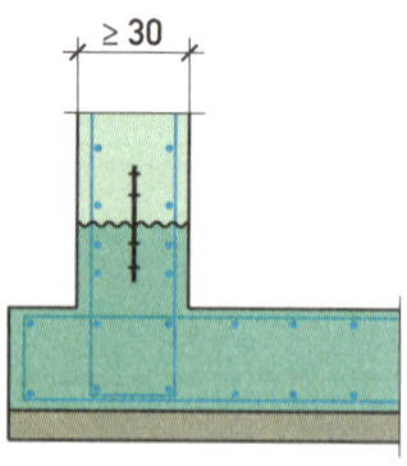

15

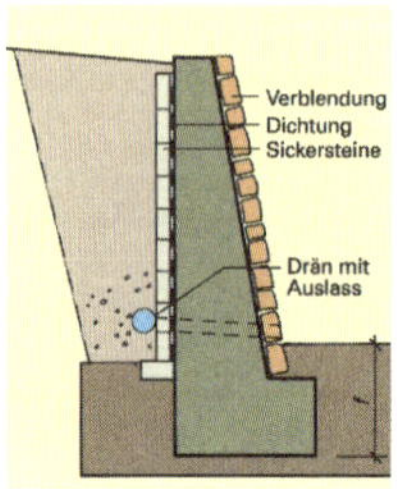

E

Stahlbetonstützwand mit ⊥-Querschnitt — 2

Stützwand mit Entlastungsplatte (Rucksackmauer) — T

4

Name: ______ Klasse: ______ Datum: ______

16 Herstellen einer Natursteinmauer

Informieren Sie sich im Lehrbuch, Abschnitt 16.1.

Verbinden Sie die **Erstarrungsgesteine** mit den Begriffen.

Granitporphyr

Granit

Basalt

Ergussgesteine

Tiefengesteine

Ganggesteine

Auswurfgesteine

Trass

Bims

Ordnen Sie den Erstarrungsgesteinen typische Verwendungsmöglichkeiten am Bau zu. Recherchieren Sie auch im Internet.

Erstarrungsgestein	Verwendung am Bau
 Basalt	Splitt; Schotter, Pflasterbeläge, Mosaik, historische Gebäude (Abtei Maria Laach), Denkmäler, Bodenbeläge, Grabmale, Fassadenplatten, Treppenbeläge …
 Granit	Treppenstufen, Bordsteine, Küchenarbeitsplatten, Edelschotter, Bodenbeläge, Terrassen, Straßenpflaster, Rabattensteine, Fassadenplatten, Grabsteine
 Granitporphyr	Pflasterbeläge, Terrassen, Mosaike
 Trass	Portlandkompositzemente, Kompositzemente, Puzzolanzemente
 Bims	Gesteinskörnung für Leichtbeton, Polierstein (Steinmetzhandwerk)

Name: ______ Klasse: ______ Datum: ______

Copyright Verlag Handwerk und Technik, Hamburg

16 Herstellen einer Natursteinmauer

Natursteine II

Informieren Sie sich im Lehrbuch, Abschnitt 16.1.

Viel Freude beim Lösen.

senkrecht:

1 Umprägungsgesteine
3 Ablagerungen von Kalk
5 Umprägungsgestein aus Kalk
7 Umprägungsgestein aus Granit
8 Gemenge aus Ton und Sand

waagerecht:

2 ein Mineral
4 Ablagerungsgesteine
6 Ton und Kalk

Lösungswort:

N[1]	A[2]	T[3]	U[4]	R[5]	S[6]	T[7]	E[8]	I[9]	N[10]

Ordnen Sie die Ablagerungs- und Umprägungsgesteine den typischen Verwendungsmöglichkeiten am Bau zu. Recherchieren Sie auch im Internet.

Ablagerungsgesteine	Verwendung am Bau
 Bausandstein	Werksteine, historische Gebäude …
 Muschelkalkstein	Werksteine, Fassadenverkleidungen, Fensterbänke innen, Schotter …
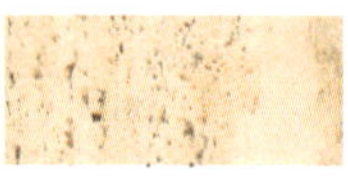 Travertin	Werksteine, Terrassen, Bodenbeläge, Fassadenplatten …

Umprägungsgesteine	Verwendung am Bau
 Gneis	Terrassen, Schotter …
 Marmor	Fensterbänke, Plastiken, Wandverkleidungen, Bodenbeläge …

Name: ______ Klasse: ______ Datum: ______

Arten I

16 Herstellen einer Natursteinmauer

Informieren Sie sich im Lehrbuch, Abschnitt 16.2.

Skizzieren Sie die entsprechenden Natursteinmauerarten und beschreiben Sie ihre wesentlichen Merkmale.

Arten	Merkmale	Skizze
Trockenmauerwerk	– Herstellung aus Bruchsteinen ohne Mörtel – nur für Stützmauern – Biotop für Kleintiere und Pflanzen	
Bruchsteinmauerwerk	– Bruchsteine in Mörtel verlegt – unregelmäßiger Verband – überwiegend für Stützmauern – ab 1,50 m Ausgleichsschicht	
Zyklopenmauerwerk	– sehr unregelmäßig geformte vieleckige Steine – Fugen verlaufen netzartig – für Stützmauern und Uferbefestigungen	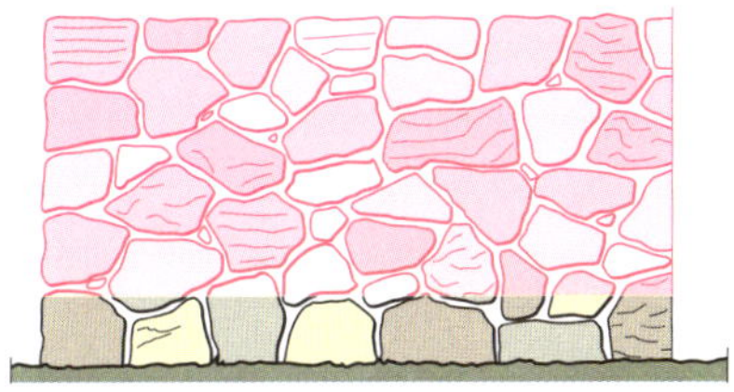
hammerrechtes Schichtenmauerwerk	– Steine werden an Ort und Stelle zugerichtet – Stoß und Lagerfugen rechtwinklig zueinander – ab 1,50 m Ausgleichsschicht	
unregelmäßiges Schichtenmauerwerk	– Fugen max. 3 cm dick – Stoß- und Lagerfugen rechtwinklig zueinander – ab 1,50 m Ausgleichsschicht – für Stütz- und Gartenmauern	
regelmäßiges Schichtenmauerwerk	– innerhalb einer Schicht die gleiche Schichthöhe – wird nach Versetzplan gefertigt – für Stützmauern, Brückenpfeiler	
Quadermauerwerk	– für höhere Beanspruchung – maßgenaue Steine. – Stoßfugenüberdeckung min. 15 cm – ganze Steintiefe bearbeitet – wirkt regelmäßig – für Natursteinmauerwerk aller Art	

Name: ____________ Klasse: ____________ Datum: ____________

Copyright Verlag Handwerk und Technik, Hamburg

	# 16 Herstellen einer Natursteinmauer	Arten II

Informieren Sie sich im Lehrbuch, Kapitel 16.2.

Ergänzen Sie die Zeichnung

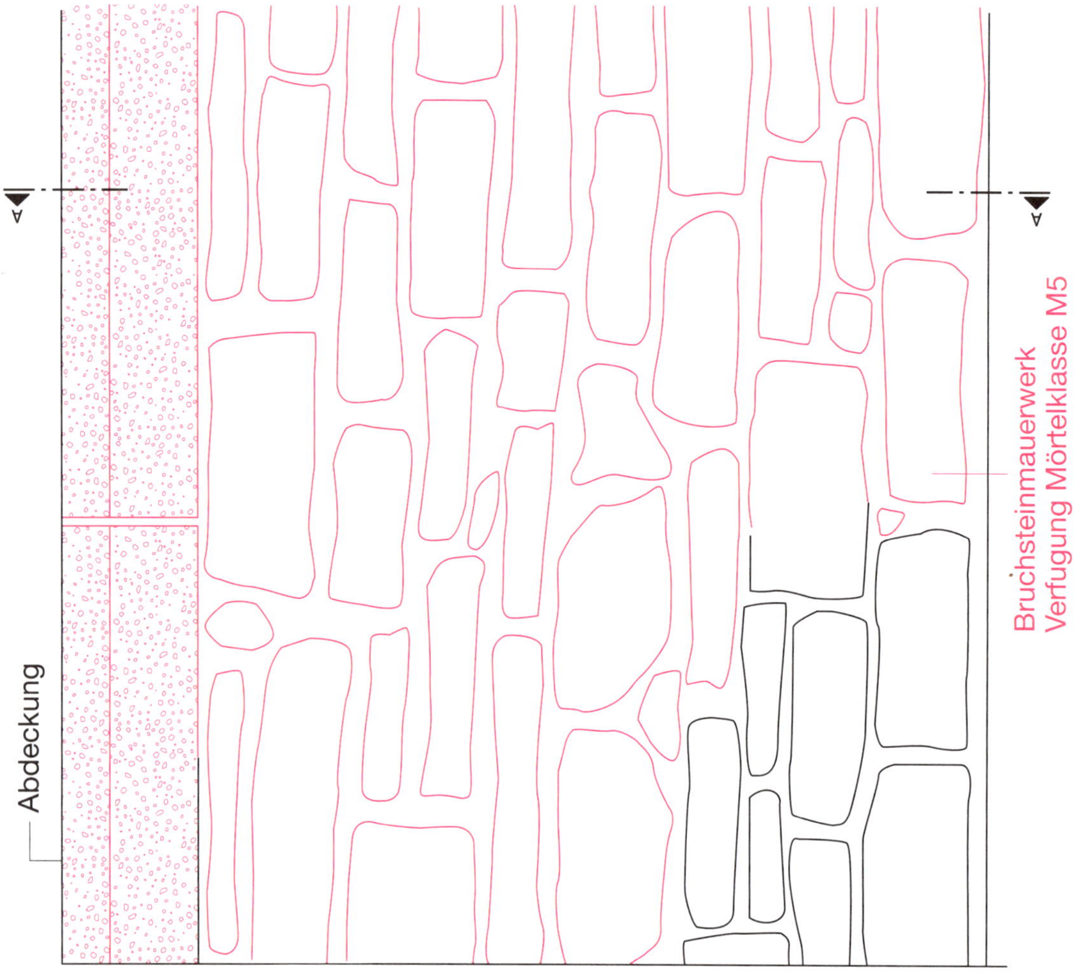

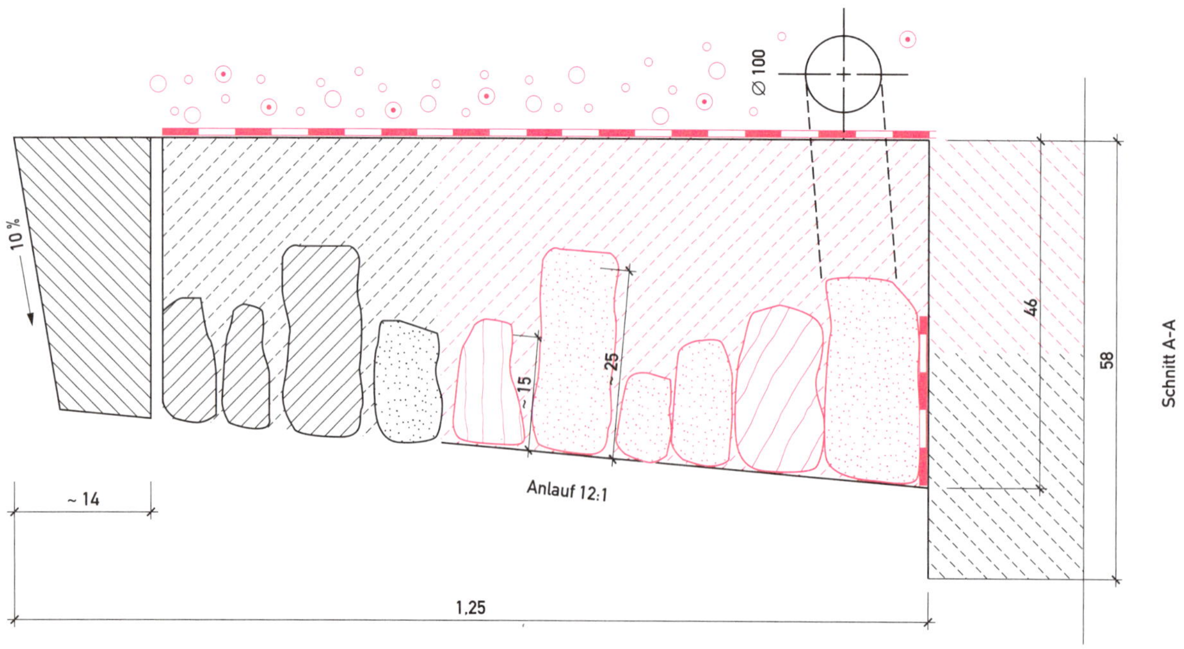

Name: ______ Klasse: ______ Datum: ______

Romanik	**17 Instandsetzen und Sanieren eines Bauteils**

Informieren Sie sich im Lehrbuch, Abschnitt 17.1.2, und nutzen Sie ein Lexikon oder das Internet. Präsentieren Sie Ihre Ergebnisse vor der Klasse.

1. a) Beschreiben Sie stichwortartig die Entwicklung der romanischen Bauweise (ca. 800 – 1250)

Nach der Völkerwanderung kam es in Deutschland im 8. Jahrhundert zur Ausbreitung der massiven Bauweise. Anwendungsgebiete waren zuerst der Burgenbau, etwas später die Pfalzbauten (Aachen und Wimpfen).

b) Bevorzugte Raumform der Romanik war die Basilika.
Beschreiben Sie diese Raumform und benennen Sie die Bestandteile im Grundriss.

Beschreibung der Raumform:
Der Grundriss der Basilika gleicht einem Kreuz mit erhöhtem Mittelschiff, Querschiff und Chor sowie den beiden schmalen und niedrigen Seitenschiffen. Mauerwerk muss Druck- und Zugkräfte des Daches aufnehmen.

- Apsis
- Chor
- Querschiff
- Seitenschiffe
- Mittelschiff
- Westturm

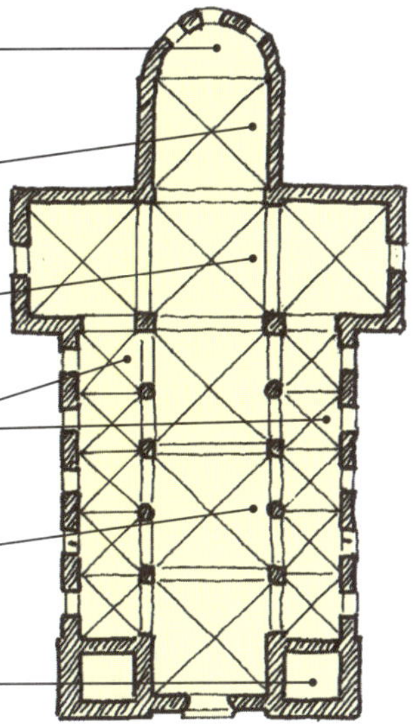

2. a) Welchen Gesamteindruck vermitteln romanische Bauwerke?

Romanische Bauwerke wirken durch ihre Größe und Erdenschwere massig, wuchtig und dunkel. Viele Turmgruppierungen, einfache schmucklose Fassaden, im Innern der Bauwerke herrscht strenge Gliederung vor.

b) Nennen Sie die für die Romanik kennzeichnenden Stilelemente.

- massive Mauern, kleine Öffnungen
- mit Rundbogen überdeckte Fenster, Tore
- gedrungene Säulen und Pfeiler
- einfache, schmucklose Kapitelle
- Tonnen- und Kreuzgewölbe

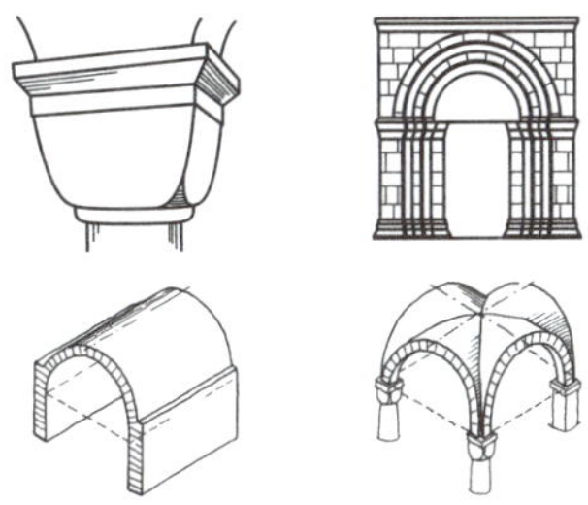

Typische Bauwerke der Romanik:
Dome in Speyer, Worms, Mainz, Limburg; Klosterkirche Alpirsbach

Name:	Klasse:	Datum:

Copyright Verlag Handwerk und Technik, Hamburg

17 Instandsetzen und Sanieren eines Bauteils

Gotik

Informieren Sie sich im Lehrbuch, Abschnitt 17.1.3, und nutzen Sie ein Lexikon oder das Internet. Präsentieren Sie Ihre Ergebnisse vor der Klasse.

1. Wo und wodurch entwickelte sich die gotische Bauweise?
   (ca. 1250 – 1530)
   In Frankreich begann man schon früh, die massigen Mauerflächen in Pfeiler und Stützen aufzulösen. Es entwickelten sich Gerüst- und Skelettbauten mit tragenden Konstruktionsgliedern, deren Öffnungen mit farbigen Glasfenstern gefüllt wurden. Im Gegensatz zur Romanik, in der die Außenwände die Bauwerkslasten abtragen, übernehmen in der Gotik Pfeiler und Strebewerk diese Funktion und ermöglichen damit große Glasflächen in den Wandbauteilen.

2. a) Welchen Gesamteindruck vermitteln gotische Bauwerke?
   Bestimmend für gotische Bauwerke ist die aufwärts strebende Linie, daher wirken gotische Kirchen elegant und schwerelos. Der Innenraum ist durch die Vielzahl hoher Fenster lichtdurchflutet.

   b) Benennen Sie die für die Gotik kennzeichnenden Stilelemente in nebenstehender perspektivischer Schnittskizze.

   c) Erklären Sie die Funktionsweise des „Strebewerks“ und zeichnen Sie mit roten Pfeilen die Richtung der Lastabtragung ein.
   Besteht aus Strebemauer, Strebepfeiler und -bogen; leitet die Lasten der Gewölbebogen ins Fundament.

Schlussstein

Fiale

Kreuzrippe

Gurtbogen

Strebebogen

Strebepfeiler

Obergaden

Untergaden

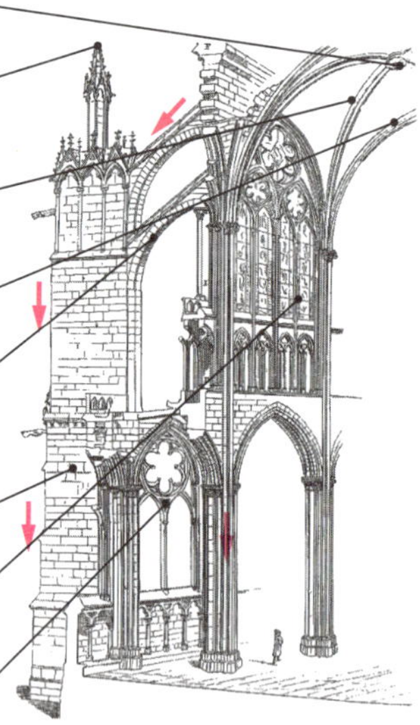

3. Benennen Sie die weiteren Stilelemente und nennen Sie typische Bauwerke der Gotik.

Rundfenster (Rosetten)
→ Westfassade

Spitzbogenfenster mit feinem Maßwerk

Bauwerke der Gotik:

Münster in Ulm, Freiburg, Straßburg; Stiftskirche Stuttgart

Name: Klasse: Datum:

Renaissance	17 Instandsetzen und Sanieren eines Bauteils

Informieren Sie sich im Lehrbuch, Abschnitt 17.1.4, und nutzen Sie ein Lexikon oder das Internet. Präsentieren Sie Ihre Ergebnisse vor der Klasse.

1. Wo und wodurch entwickelte sich die Bauweise der Renaissance?
(ca. 1530 – 1600)
Die Baukunst der Renaissance hat ihren Ursprung in Italien.
Renaissance bedeutet „Wiedergeburt" der römischen Antike.
Neben den Kirchenbau trat gleich bedeutend der Profanbau.

2. Welchen Gesamteindruck vermitteln Renaissancebauwerke?
klar gegliederte Bauwerke, Betonung der waagerechten Linie; in ihrer Gesamtheit und durch ihre Gestaltungselemente strahlen die Gebäude Ruhe, Harmonie und Gleichgewicht aus.

3. a) Benennen Sie die für die Renaissance kennzeichnenden Stilelemente in nebenstehender Fassadenskizze.

- Dachgesims
- antike Säulen
- Geschossgesims
- Rundbogenfenster
- Balustrade
- Sockelgeschoss (Rustikamauerwerk)

b) Beschreiben Sie die Wirkung der weiteren Stilelemente der Renaissance.
Starke, plastische Durchbildung der Fassade, belebt mit Stilelementen antiker Art; Gesimse; Die Fenster und Türen werden mit dreieckigen oder halbrunden Giebeln geschmückt.

c) Bedeutende Bauwerke der Renaissance sind:
Heidelberger Schloss, Altes Schloss in Stuttgart, Rathaus in Augsburg

Name:	Klasse:	Datum:

Copyright Verlag Handwerk und Technik, Hamburg

17 Instandsetzen und Sanieren eines Bauteils

Barock

Informieren Sie sich im Lehrbuch, Abschnitt 17.1.5, und nutzen Sie ein Lexikon oder das Internet. Präsentieren Sie Ihre Ergebnisse vor der Klasse.

1. Wodurch entwickelte sich die Bauweise des Barock?
   (ca. 1600 – 1800)
   Ursprung dieser Bauweise war zunächst Italien, nach dem Dreißigjährigen Krieg entwickelte sich diese auch in Deutschland; großer Formenreichtum; Begriff Barock bedeutet „schiefe Perle“, im übertragenen Sinn „sonderbar, lächerlich“

2. Welchen Gesamteindruck vermitteln Bauwerke des Barock?
   Im Gegensatz zur strengen Gliederung der Renaissance, entwickelten sich nun bewegte und geschwungene Formen und üppige Dekorationen mit überquellender Pracht (Goldauftrag, Stuckverzierungen, Plastiken).

3. a) Vervollständigen Sie die für den Barock kennzeichnenden Stilelemente in nebenstehender Darstellung am Beispiel der Frauenkirche in Dresden.

   - Zwiebelturmhelm mit Laterne
   - horizontale Gesimse
   - Dreiecksgiebel
   - prunkvolle Fenster

   b) Nennen Sie die weiteren Stilelemente des Barock.
   Gliederung der Geschosse durch stark profilierte, oft verkröpfte Gesimse, waagerecht gegliedert. Besondere Zierstücke sind Treppen und Treppenhäuser. Die Wand erhält geschwungene Formen, Fenster stark abgesetzt und teilweise gewölbt.

   c) Bedeutende Bauwerke des Barock sind:
   Schloss Ludwigsburg, Kloster Ottobeuren, Zwinger in Dresden

Name:	Klasse:	Datum:

17 Instandsetzen und Sanieren eines Bauteils

Informieren Sie sich im Lehrbuch, Abschnitte 17.1.1, 17.1.6, 17.1.7, und nutzen Sie ein Lexikon oder das Internet. Präsentieren Sie Ihre Ergebnisse vor der Klasse.

1. Wodurch entwickelte sich die Bauweise des Klassizismus?
   (ca. 1800 – 1850)
   Gegenbewegung zum Barock; Rückwendung zur Antike.
   Im Gegensatz zu den barocken Übersteigerungen, sind die Bauwerke eher schlicht. Die Ideen der Aufklärung beeinflussten diesen Stilwandel.

2. Welchen Gesamteindruck vermitteln Bauwerke des Klassizismus?
   Ruhige und strenge Formen der römischen und griechischen Antike waren Vorbild. Bauwerke wirken klassisch streng, klar und nüchtern.

3. a) Benennen Sie die für den Klassizismus kennzeichnenden Stilelemente in nachfolgendem Foto am Beispiel der Neuen Wache in Berlin.

   b) Bedeutende Bauwerke des Klassizismus sind:
   Schloss Rosenstein in Stuttgart, Nikolaikirche in Potsdam, Neue Wache in Berlin, Altes Museum und Brandenburger Tor in Berlin, Glyptothek in München

   c) Welcher Baustil löste ab etwa 1850 den Klassizismus ab?
   Der Klassizismus wurde durch den Historismus abgelöst, der sich auf eine wahllose Nachahmung verschiedener Baustile (Romanik, Gotik, Renaissance, Barock) erstreckte.

Name: Klasse: Datum:

Copyright Verlag Handwerk und Technik, Hamburg

17 Instandsetzen und Sanieren eines Bauteils

Baukunst im 20. Jahrhundert (Moderne)

Informieren Sie sich im Lehrbuch, Abschnitt 17.1.7, und nutzen Sie ein Lexikon oder das Internet. Präsentieren Sie Ihre Ergebnisse vor der Klasse.

1. Weshalb löste man sich in der Baukunst im 20. Jahrhundert (Moderne) mehr und mehr vom traditionsgebundenen Bauen?

Man suchte nach neuen, eigenständigen Wegen.

Neue Baustoffe wie Zement, Beton, Stahl- und Spannbeton ermöglichten neue Konstruktionen und Bauformen (technische Revolution).

2. Welchen Gesamteindruck vermitteln die Bauwerke der Moderne?

Die Funktion, der Zweck bestimmt die Form des Bauwerks;

Betonung des Materials und Sichtbarmachung der Konstruktion.

Im Äußeren überzeugen einfache, geometrische Baukörper mit Sachlichkeit und klarer Gliederung.

3. Ein Wegbereiter und berühmter Architekt der Moderne war Le Corbusier. In den 1920er Jahren formulierte er fünf Punkte zu einer neuen Architektur:

① die Stützen (Skelettbauweise: tragende Stützen und nichttragende Wände als Raum abschließende Elemente)

② das Flachdach mit Dachgarten als nutzbare Fläche

③ die freie Grundrissgestaltung (durch tragende Stützen und nichttragende Wände)

④ das Langfenster für gleichmäßige Belichtung

⑤ die freie Fassadeneinteilung

Ordnen Sie die oben genannten Punkte als Zahlen auf dem Foto und im Grundriss dem Doppelhaus von Le Corbusier und Pierre Jeanneret in der Weißenhofsiedlung Stuttgart zu.

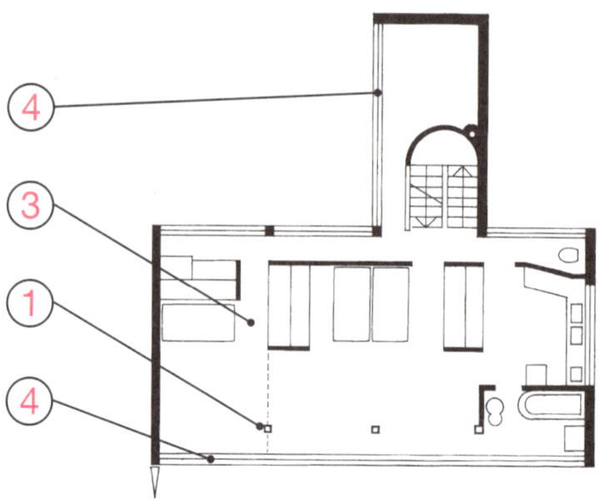

Name: ______ Klasse: ______ Datum: ______

Mauerwerks-sanierung, Schadensbeurteilung	17 Instandsetzen und Sanieren eines Bauteils

Informieren Sie sich im Lehrbuch, Abschnitte 17.2 … 17.2.2.

1. Welche Ursachen führen zur Mauerwerkszerstörung?

Schäden am Mauerwerk werden durch die kapillare Feuchtigkeitsbewegung im Mauerwerk verursacht. Die aufsteigende Feuchtigkeit transportiert schädigende Salze und Säuren.
⇒ Folge: Ausblühungen, Kalkablagerungen, Abplatzungen am Mauerwerk.

2. a) Zur Beurteilung der Mauerwerksschäden ist die Ermittlung der Mauerwerksfeuchte unerlässlich. Es werden zwei Untersuchungsmethoden grundsätzlich unterschieden.

Methoden zur Feuchtemessung

zerstörungsfreie Methode	zerstörende Methoden	
Widerstandsmessung	CM-Methode	Darrmethode
Erklärung (stichwortartig): Zwei Elektroden werden in den Baustoff eingebracht und der elektrische Widerstand wird gemessen.	Erklärung (stichwortartig): Eine feuchte Baustoffprobe wird mit Carbid in ein Druckgefäß eingebracht, Druck im Gefäß steigt (Acetylengas), Werte sind am Manometer ablesbar.	Erklärung (stichwortartig): Die luft- und dampfdicht verpackte Baustoffprobe wird gewogen, dann bei 105 °C getrocknet und erneut gewogen. Der Masseverlust ergibt den Feuchtegehalt.
	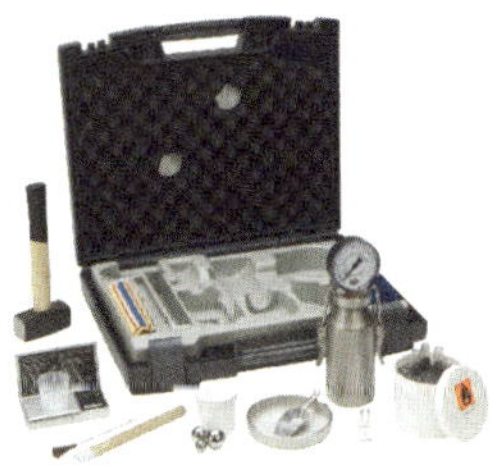	

b) Vergleichen Sie die obigen Methoden zur Schadensbeurteilung. Schlagen Sie eine Methode vor, die Sie anwenden würden, und begründen Sie. CM-Methode:

Die Methode lässt sich sehr rasch durchführen und ist bei Beachtung der Anwendungsvorschriften für Baustellenverhältnisse ausreichend.

Name:	Klasse:	Datum:

Copyright Verlag Handwerk und Technik, Hamburg

17 Instandsetzen und Sanieren eines Bauteils

Mauerwerkssanierung, Horizontalabdichtung

Informieren Sie sich im Lehrbuch, Abschnitt 17.2.3.

1. a) Welche Aufgabe haben alle Mauerwerkssanierungsmethoden?

Alle Methoden haben die Aufgabe, die kapillare Saugfähigkeit des Mauerwerks zu unterbrechen bzw. die Kapillaren zu schließen.

b) Welche Maßnahmen sind zur Trocknung und Entfeuchtung des Mauerwerks notwendig?

Die entscheidende Maßnahme ist die nachträgliche Horizontalabdichtung, unumgänglich die zusätzliche Vertikalabdichtung und die Durchführung von Maßnahmen zur Mauerwerkstrockenlegung.

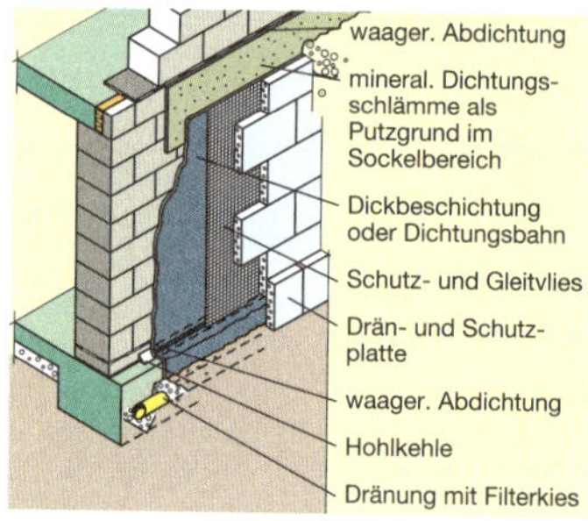

2. Eine entscheidende Maßnahme zur Entfeuchtung des Mauerwerks ist der nachträgliche Einbau einer Horizontalabdichtung. Im Folgenden werden beide mechanische Verfahren unterschieden, kreuzen Sie jeweils die richtigen Aussagen an.

Edelstahlblechverfahren:

- ☒ Eignet sich für die Trockenlegung von Mauerwerk mit durchgehender Lagerfuge.
- ☒ Geriffelte Edelstahlbleche werden mit einer Luftdruckramme in eine Lagerfuge des Mauerwerks getrieben.
- ☒ Der Vorteil dieses Verfahrens ist es, dass der Kraftfluss der Mauer nicht unterbrochen wird.
- ○ Ist auch bei schlecht zugänglichem Mauerwerk anwendbar.
- ○ Statt geriffelten Edelstahlblechen können alle Bleche, unabhängig von ihrer Materialart und Oberflächenbeschaffenheit eingesetzt werden.

Mauersägeverfahren:

- ☒ Das Mauerwerk wird mit einer nassschneidenden Kreissäge mit diamantbesetztem Sägeblatt durchtrennt.
- ☒ Wegen der Standsicherheit des Mauerwerks darf nur abschnittsweise gearbeitet werden.
- ○ Die aufgeschnittene Fuge muss nicht mit Keilen gestützt werden, hält auch kurzzeitig problemlos dem Druck stand.
- ○ Als horizontale Trennschicht ist Bitumendachpappe geeignet.
- ☒ Als horizontale Trennschicht sind Kunststofffolien, bitumenkaschierte Blei- bzw. Alufolien oder korrosionsbeständiger Edelstahl geeignet.

Name: ________ Klasse: ________ Datum: ________

Horizontalabdichtung, chemische Verfahren	17 Instandsetzen und Sanieren eines Bauteils

Informieren Sie sich im Lehrbuch, Abschnitt 17.2.3.

1. Mit welchem Ziel werden die chemischen Verfahren (Injektionsverfahren) bei der Mauerwerkssanierung eingesetzt?

Diese Verfahren haben zum Ziel, entweder die Durchmesser der Kapillaren zu vermindern oder die Oberflächenspannung in den Kapillaren so zu erhöhen, dass ein Wasser abweisender Effekt erzielt wird.

2. Ordnen Sie die Arbeitsschritte und erklären Sie dabei die Arbeitsabfolge beim dargestellten Injektionsverfahren zur Mauerwerkssanierung.

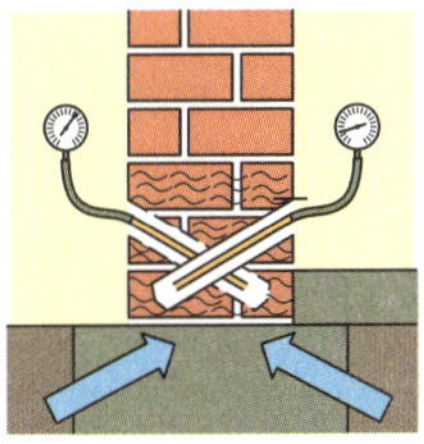

③ Verfüllen der Bohrlöcher durch flüssige Dichtungsmittel, z. B. Harzlösung auf Basis von Spezialparaffinen, Epoxid-, Polyurethan- oder Polyesterharzen

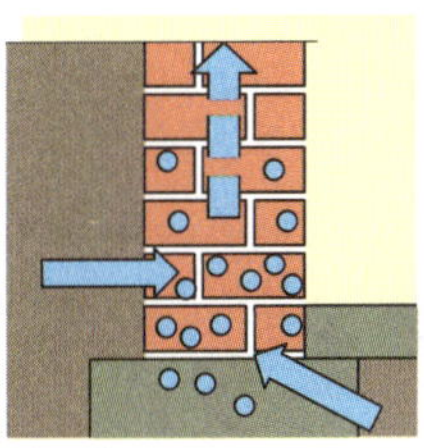

① Durchfeuchtetes Mauerwerk: Aufsteigende Feuchtigkeit und Salze zerstören das Mauerwerk.

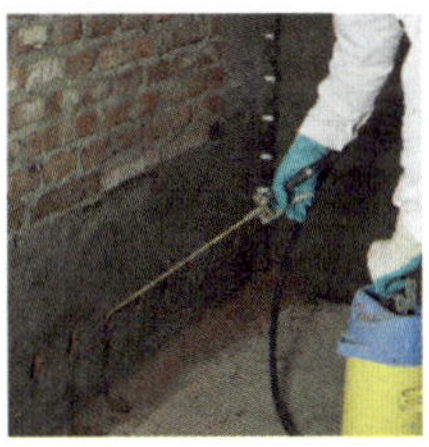

② Austrocknen des Mauerwerks: Ausheben des Arbeitsraums (außen) und Bohren von Löchern (Abstand 10 … 20 cm); Einbringen der Heizstäbe zur Trocknung.

3. Vervollständigen Sie zur Wiederholung den Lückentext.

Um Mauerwerk trockenzulegen, werden nachträglich horizontale Abdichtungen eingebaut. Zur Herstellung der Fugen dienen das Edelstahlblech- und das Mauersäge-verfahren.

Beim chemischen Verfahren werden in Bohrlöcher Harze oder flüssiges Spezialparaffin eingebracht, die die Kapillaren dann verschließen.

Name:	Klasse:	Datum:

Copyright Verlag Handwerk und Technik, Hamburg

17 Instandsetzen und Sanieren eines Bauteils

Mauerwerks-sanierung, Vertikalabdichtung

Informieren Sie sich im Lehrbuch, Abschnitt 17.2.3.

1. a) Weshalb ist eine Vertikalabdichtung für den dauerhaften Erfolg einer Mauerwerkssanierung unverzichtbar?

Gegen das Grund- und Sickerwasser sowie Bodenfeuchte muss der im Erdboden befindliche Teil des Bauwerks abgedichtet werden.

b) Nennen Sie die beiden Möglichkeiten einer nachträglichen Vertikalabdichtung und erklären Sie, wann welche Möglichkeit ausgeführt werden kann.

– Außenabdichtung: Gesamter Kellerbereich lässt sich von außen freilegen, Abdichtung mit Bitumendickbeschichtung, Einbau einer Dränung.

– Innenabdichtung: Mauerwerk lässt sich von außen **nicht** freilegen, Einbau eines Feuchtwandsystems zum Trockenhalten der Kellerräume.

2. In nebenstehender, schematischer Skizze ist eine nachträgliche vertikale Außenabdichtung mit Dränung dargestellt. Benennen Sie deren Bestandteile.

- Ausgleichsputz
- Vertikalabdichtung
- Schutzschicht
- Dränschicht
- Hohlkehle
- Dränrohr
- horizontale Injektionsabdichtung

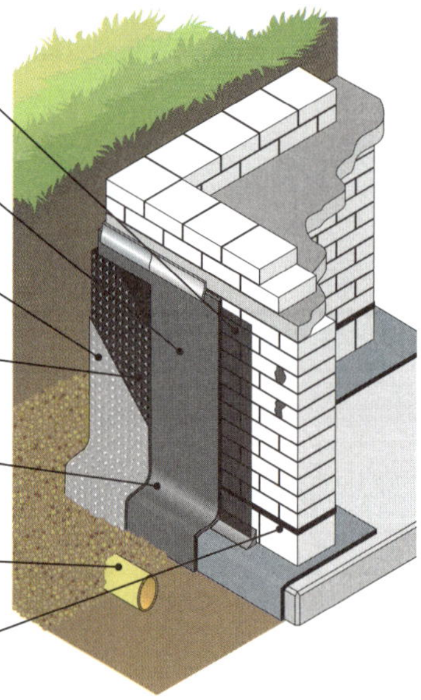

3. Erklären Sie stichwortartig die Funktionsweise und den Aufbau eines Sanierputzes.

Funktionsweise: Die im Porenwasser gelösten Salze kristallisieren in Richtung Luftseite des Mauerwerks oder Putzes aus und werden in den Luftporen des Sanierputzes aufgenommen ohne Schaden anzurichten.

Aufbau: (von außen nach innen): ausgetrocknetes Mauerwerk; netzartiger Spritzbewurf auf 2 cm tief ausgekratztem Fugenmörtel; 2 cm dicker Sanierputz (Luftporengehalt > 25 %); mineralischer Oberputz (offenporig).

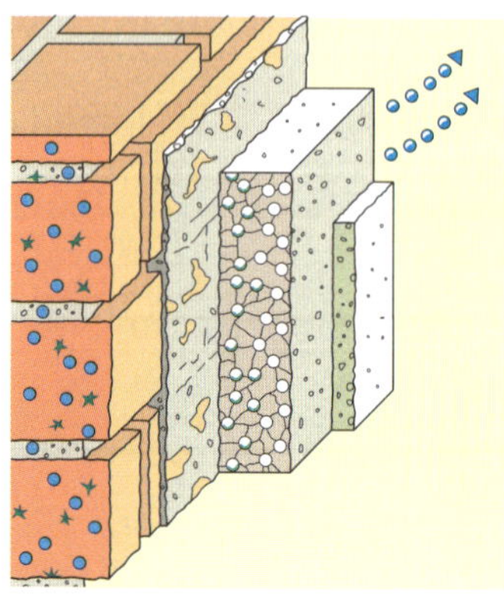

Name:	Klasse:	Datum:

Betonkorrosion, Carbonatisierung

17 Instandsetzen und Sanieren eines Bauteils

Informieren Sie sich im Lehrbuch, Abschnitte 17.3 ... 17.3.2.

1. a) Erklären Sie den Begriff „Betonkorrosion".

Darunter versteht man die Zerstörung von Beton und Bewehrungsstahl durch meist flüssige Korrosionsmittel, z. B. wässrige Lösungen oder in Feuchtigkeit gelöste Gase.

b) Welche Ursachen führen zur Betonkorrosion?

- Angriff von Frost und Tausalzen
- chemische Angriffe
- sulfathaltige Wässer
- Carbonatisierung des Betons

2. Erklären Sie stichwortartig den Begriff „Carbonatisierung" und vervollständigen Sie dabei das nebenstehende Schaubild.

Durch Einwirkung von Kohlenstoffdioxid und Luftfeuchtigkeit wird im Beton Calciumhydroxid in Calciumcarbonat umgewandelt, das basische Milieu des Zementsteins abgebaut, Beton verliert schützende Wirkung.

Calciumhydroxid $Ca(OH)_2$ + CO_2 (aus Luft) + H_2O (Regen) ⇒ Calciumcarbonat $CaCO_3$ + 2 H_2O

pH-Werte: 12 ... 9,5 ⇒ abnehmend ⇒ < 9,5

stark basisch — schwach basisch

3. a) Ordnen Sie zunächst die Skizzen in der richtigen Reihenfolge und benennen Sie die einzelnen Schritte bei der fortschreitenden Bewehrungskorrosion.

b) Ordnen Sie nun die Fotos den Skizzen zu.

③ 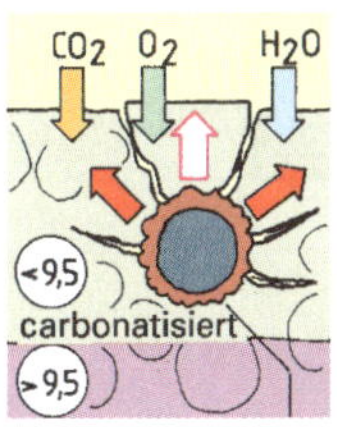

① 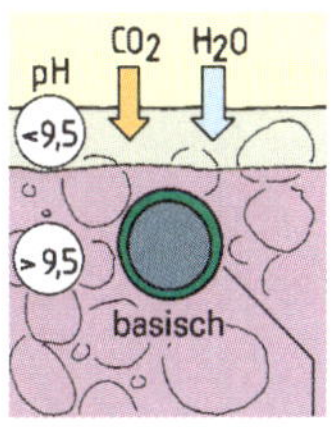

② 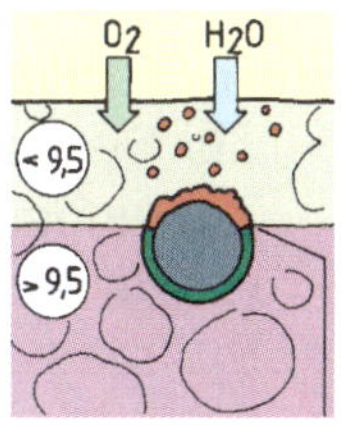

Risse, Abplatzungen	noch keine Schäden	Rost zeichnet sich ab

② 

③ 

① 

Name: ______ Klasse: ______ Datum: ______

Copyright Verlag Handwerk und Technik, Hamburg

17 Instandsetzen und Sanieren eines Bauteils

Carbonatisierung, Schadensaufnahme

Informieren Sie sich im Lehrbuch, Abschnitte 17.3.2 … 17.3.4.

1. Vervollständigen Sie zur Wiederholung den Lückentext zum Thema Betonkorrosion.

   Durch Einwirkung von Kohlenstoffdioxid und Luftfeuchtigkeit wird im Beton Calciumhydroxid in Calciumcarbonat umgewandelt.

   Das basische Milieu des Zementsteins wird abgebaut. Dadurch verliert der Beton seine korrosionsschützende Wirkung.

2. a) Erklären Sie das nebenstehende Diagramm und leiten Sie daraus einen Merksatz ab:

   Je geringer die Betonfestigkeitsklasse und je länger die Carbonatisierungszeit, desto größer die Carbonatisierungstiefe in mm.

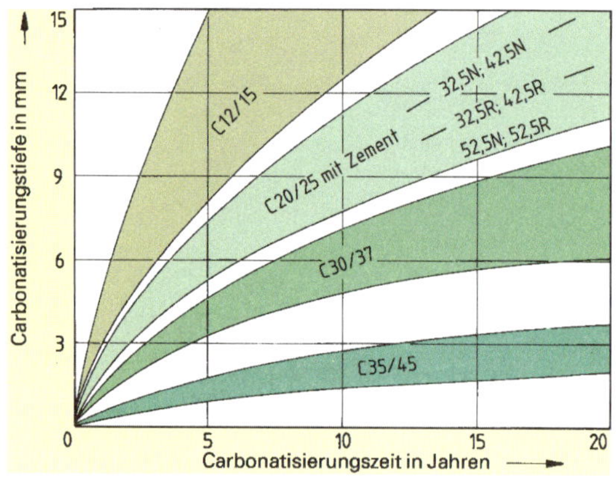

   b) Nennen Sie Möglichkeiten für einen vorbeugenden Betonschutz.

   Erhöhte Dichtigkeit des Zementsteins (Herabsetzen *w/z*-Wert, Erhöhung Zementgehalt und -festigkeitsklasse); fachgerechte Betonverarbeitung; ausreichende Betondeckung, Mindestmaß nicht unterschreiten!

   Merke: Sorgfältig hergestellter, verarbeiteter und nachbehandelter Beton schützt bei genügender Betondeckung die Bewehrung vor Korrosion.

3. Vor der Betoninstandsetzung ist eine Schadensaufnahme der vorhandenen Betonschäden durchzuführen. Zur Beurteilung des Ist-Zustandes gibt es die rechts dargestellten Prüfmethoden. Nennen und erklären Sie diese stichwortartig.

– **Feststellung der Carbonatisierungstiefe**:

Phenolphthalein wird auf den Bohrkern aufgesprüht, Rotfärbung macht nicht carbonatisierten Beton sichtbar

– **Ermittlung der Betonüberdeckung**:

Die Lage der Bewehrung kann mit Magneten oder mit Bewehrungssuchgeräten ermittelt werden.

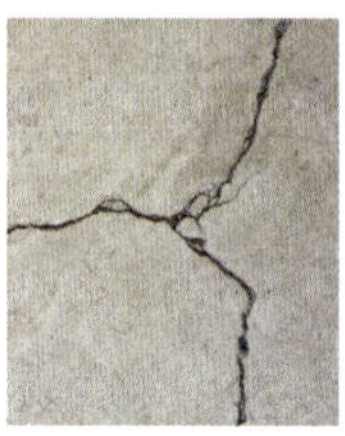

– **Rissuntersuchungen**.

Durch Benetzung der Betonoberfläche zeichnen sich die Risse dunkel ab.

Name:	Klasse:	Datum:

Betoninstandsetzung	17 Instandsetzen und Sanieren eines Bauteils

Informieren Sie sich im Lehrbuch, Abschnitt 17.3.4.

Die vorliegenden Betonschäden sind der Schadensstufe III zuzuordnen, daher ist eine Betoninstandsetzung zwingend erforderlich.
Ordnen Sie die nachfolgenden Arbeitsschritte in der richtigen Reihenfolge und beschreiben Sie die einzelnen Arbeitsgänge stichwortartig.

(6) **Betonschutzbeschichtung aufbringen**:

Deckanstrich auf Siloxan-Acrylharzbasis soll CO_2-Undurchlässigkeit herstellen und gegenüber Witterung beständig sein.

(2) **Korrosionsschutzbeschichtung aufbringen**:

Bewehrungsstähle werden zweilagig mit Epoxidharzen oder kunststoff-vergüteter Zementschlämme beschichtet.

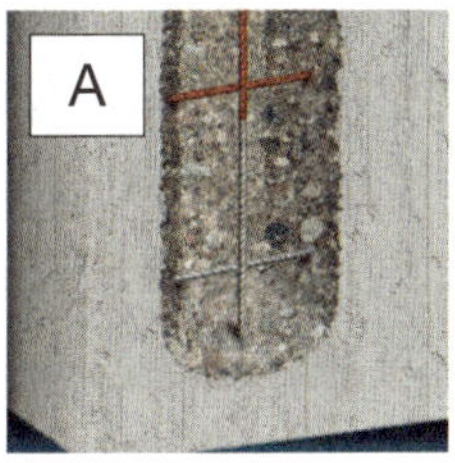

(1) **Freilegen und Sandstrahlen der Bewehrung**:

Lockere Betonteile werden mit Elektrohämmern entfernt, Freilegen der Gesteinskörnung und Bewehrung, Entrostung der Bewehrung durch Sandstrahlen.

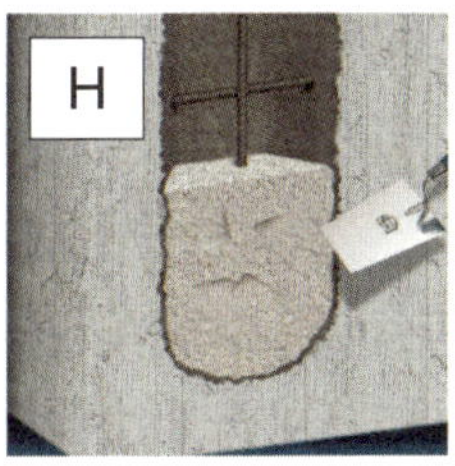

(4) **Betonausbrüche mit Reparaturmörtel schließen**:

Ausbruchsstellen werden mit kunststoffvergütetem Zementmörtel geschlossen.

(3) **Aufbringen einer Haftbrücke**:

Auf vorgenässtem Beton Haftbrücke aufbringen, um den Verbund zwischen Betonuntergrund und Reparaturmörtel zu verbessern.

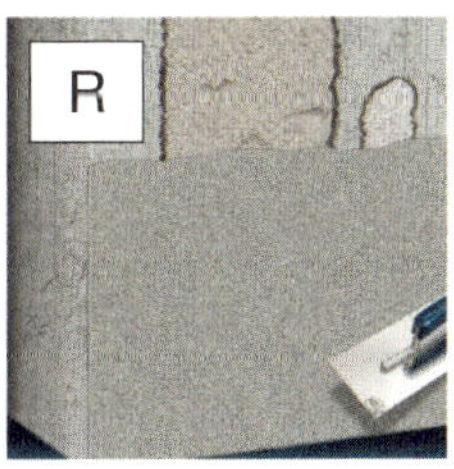

(5) **Aufbringen eines Dünnputzes**:

Strukturunterschiede werden ausgeglichen, einheitliches Aussehen der instandgesetzten Betonoberfläche.

Vervollständigen Sie den gesuchten Lösungssatz:

„Es sind sechs A R B E I T S S C H R I T T E zur Betoninstandsetzung nötig."

Name:	Klasse:	Datum:

Copyright Verlag Handwerk und Technik, Hamburg

17 Instandsetzen und Sanieren eines Bauteils

Entwicklung des Bauwesens

Informieren Sie sich im Lehrbuch, Abschnitte 17.1 … 17.1.7, oder besser:
Benutzen Sie ihren Kopf.

Testen Sie sich! Tragen Sie zunächst die jeweilige Baustilepoche (Reihenfolge beachten!) und den zugehörigen Zeitraum auf dem unten dargestellten „Zeitstrahl" ein.
Ordnen Sie anschließend die nachfolgend abgebildeten Bauwerke der jeweiligen Baustilepoche zu.

	①	②	③
Baustilepoche:	Romanik	Gotik	Renaissance
Zeitraum (etwa):	(800–1250)	(1250 – 1530)	(1530 – 1600)

	④	⑤	⑥
Baustilepoche:	Barock	Klassizismus	Baukunst im 20. Jahrhundert
Zeitraum (etwa):	(1600 – 1800)	(1800 – 1850)	(1920 – 2000)

Name: ____________ Klasse: ____________ Datum: ____________

Baustoffrecycling

17 Instandsetzen und Sanieren eines Bauteils

Informieren Sie sich im Lehrbuch, Abschnitt 17.6 und nutzen Sie das Internet.

1. Erklären Sie den Begriff „Baustoffrecycling".

Wieder verwertbare Baustoffe werden in Rückgewinnungsanlagen (Recyclinganlagen, Recycling = Wiederaufbereitung) zu neuen Baustoffen aufbereitet.

Konstruktionen und Baustoffe müssen so gewählt werden, dass bei einem Abriss eine vollständige Materialtrennung und anschließende Wiederverwertung = Recycling möglich ist.

2. Der Kühlturm eines Kohlekraftwerks, der nicht mehr benötigt wird, soll durch eine kontrollierte Sprengung abgebrochen werden. Nennen Sie vier Vorüberlegungen dazu.

– Behördliche Genehmigung des Abbruchs muss vorliegen.
– Besondere Beachtung des Unfallschutzes
– Lärm bei Sprengung sowie Staubentwicklung müssen in zumutbarem Rahmen bleiben
– Die Sprengung ist bei Gewerbeaufsichtsbehörde rechtzeitig fristgerecht anzuzeigen

3. Bei unserem Jugendhaus kommen folgende Abbruchprodukte vor. Wie ist zu verfahren?

Baustoff: Bezeichnung?	Rezyklierbar?	Wie ist weiter zu verfahren?
 Mauerwerksziegel	⊗ Ja ○ Nein	Ziegelsplitt kann als Leichtbetonzuschlag oder als Tennisplatzbelag verwendet werden.
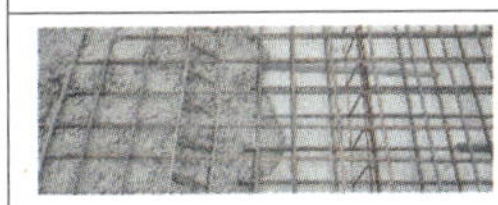 Stahlbeton	⊗ Ja ○ Nein	Beton kann als Splitt für den Straßenbau und als Betonzuschlag, Betonstahl kann als Schrottzugabe bei der Herstellung von neuen Betonstählen verwendet werden.
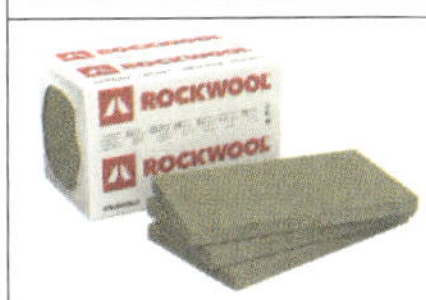 Mineralfaserdämmstoff	○ Ja ⊗ Nein	Dieser ist als Sondermüll zu bezeichnen und fachgerecht zu entsorgen.
 Glas	⊗ Ja ○ Nein	Altglas kann sehr oft wieder eingeschmolzen und zur Herstellung neuer Glasprodukte genutzt werden. Eine erneute stoffliche Nutzung ist umweltverträglich und kann viel Energie (etwa 10 %) und Rohstoffe einsparen, wenn Glasprodukte wie Flaschen und Fenstergläser dem korrekten Entsorgungsweg zugeführt werden.

Name: ______ Klasse: ______ Datum: ______

Copyright Verlag Handwerk und Technik, Hamburg

Bildquellenverzeichnis

Verfasser und Verlag danken den genannten Firmen und Privatpersonen für die Überlassung von Vorlagen und Abdruckgenehmigungen zu folgenden Abbildungen:

Adolf Würth GmbH & Co. KG, Künzelsau, Seite 107 (4)

akg images GmbH, akg/Bildarchiv Monheim, Berlin, Seiten 95 (1); 106 (7)

Alean, Juerg, Eglisau, Seite 89 (5, 6)

Bauer Do-it-yourself GmbH, „selbst ist der Mann", Köln, Seite 69 (2)

Baumit GmbH, Bad Hindelang, Seite 100 (1)

Bauwerke – Innenausbau GmbH, Neuenhagen, Seite 63 (15)

Bayerische Verwaltung der staatlichen Schlösser, Gärten und Seen, München, Seite 96 (4)

BetonMarketing Deutschland GmbH, Erkrath (BetonBild), Seite 83 (1)

BPA-GmbH, Herrenberg-Gültstein, Seite 86 (5)

Brillux GmbH & Co. KG, Münster, Seiten 75 (3); 105 (1–6)

Burg Katzenstein, Dischingen-Burg Katzenstein, www.burgkatzenstein.de, Seite 93 (1)

Bürkle GmbH, Fellbach, Seiten 34 (1, 2); 36 (2)

Dennert Baustoffwelt GmbH & Co.KG, Schlüsselfeld, Seite 30 (2)

Deutsche Doka Schalungstechnik GmbH, Maisach, Seite 79 (1, 3)

Deutsche Poroton GmbH, Berlin, Seite 57 (2)

DEUTSCHE ROCKWOOL Mineralwoll GmbH & Co. OHG, Gladbeck, Seite 107 (5)

dpa Picture-Alliance GmbH, Frankfurt/Main, Seiten 63 (4) dpa-Report; 106 (9) Bildarchiv Monheim/Rodemann

Dyckerhoff AG, Wiesbaden, Seiten 81 (3, 4); 103 (8)

ecoplus/HAIDEN-BAUMANN, St. Pölten, Seite 99 (4)

Elementbau Osthessen GmbH & Co. ELO KG, Eichenzell, Seite 44 (1)

Ernst Ziegelwerk GmbH & Co. KG, Eitensheim, Seite 107 (3)

Fachverband Beton- und Fertigteilwerke Baden-Württemberg e. V., Ostfildern, Seite 28 (5)

Falk, Stefan, Schorndorf, Seite 78 (3)

Fermacell GmbH, Duisburg, Seite 63 (13)

Frey & Sohn Kaminwerk GmbH, Weinstadt, Seiten 49 (1, 2); 50 (1, 2)

Friedrich Kohler GmbH, Offenbach am Main, Seite 104 (2)

GANN Mess- u. Regeltechnik GmbH, Gerlingen, Seite 99 (3)

Geberit Vertriebs GmbH, Pfullendorf, Seite 63 (11)

Gebrüder Nickel GmbH, Gundelsheim, Seite 100 (4)

Glatt Bauunternehmen Meisterbetrieb GmbH, Pfaffenhofen, Seite 35 (4)

Glöckel Natursteinwerk GmbH, Langenaltheim, Seite 90 (2)

Hamberger Flooring GmbH & Co.KG, Rosenheim, Seite 69 (1)

Hasan Bautechnik AG, Rothrist, Seite 84 (2)

HeidelbergCement AG/Steffen Fuchs, Heidelberg, Seiten 24 (2, 3); 25 (1–6)

HEMMER Prüfgeräte – Vertrieb, Gratwein, Seite 104 (3)

Historische Baustoffe und Natursteinhandels GmbH, Schleusingen, Seite 89 (1, 8)

Holcim (Süddeutschland) GmbH, Dotternhausen, Seiten 26 (1); 86 (1); 87 (2); 88 (4)

Hornauer Bautenschutz, Oederan, Seite 100 (3)

ibq – Ingenieurbüro für Tief- und Wasserbau, Dresden (Thorsten Quaas), Seite 78 (1)

iStockphoto, Berlin, Seiten 63 (3) Ilda masa, (5) Dejan Stanisavljevic, (7) Alex Kalmbach; 103 (6) Deyan Georgiev; 104 (4) ryasick

IVPU Industrieverband Polyurethan-Hartschaum e.V., Stuttgart, Seite 69 (3)

Kalksandstein-Bauberatung Bayern GmbH, Röthenbach a. d. Pegnitz (Peter Schmid), Seiten 1 (1); 72 (2)

Kaspar Röckelein KG, Baustoffwerke, Wachenroth, Seite 1 (4)

KME Germany AG & Co. KG, Osnabrück, Seite 72 (3)

Knauf Gips KG, Iphofen, Seiten 62 (2); 63 (1, 14); 72 (6)

Krupp Verlags GmbH, Sinzig, Seite 107 (2)

Landesamt für Denkmalpflege Esslingen, Seite 106 (11) Herr Fisch

LOIROTEC Treppentechnik, Forchheim, Seite 35 (6, 7)

Märker Zement GmbH, Harburg, Seite 89 (2, 9)

mauritius images GmbH, Mittenwald, Seite 103 (2) Walter Geiersperger

MEVA Schalungs-Systeme GmbH, Haiterbach, Seiten 22 (2); 83 (3)

NOE-Schaltechnik, Süßen, Seiten 3 (2); 81 (2)

O+S Betonschutz GmbH, Ketsch, Seite 84 (1)

PCE Deutschland GmbH, www.warensortiment.de, Meschede, Seite 63 (2)

PCI Augsburg GmbH, Augsburg, Seite 102 (1)

PERI GmbH, Weißenhorn, Seiten 14 (1); 16 (1, 2); 22 (1); 26 (2, 3); 79 (4, 5, 6); 80 (1, 2); 81 (1); 83 (6); 87 (5); 88 (2, 9)

Phoenix-Metall GmbH/JOCO Wärme in Form, Willstätt, Seite 70 (1)

Photocase Addicts GmbH, www.photocase.com, Berlin, Seite 99 (1) Andreas Siegel

pixelio media GmbH, München, Seiten 63 (10) Claudia Hautumn; 72 (7) Rainer Sturm

quick-mix Gruppe GmbH & Co.KG, Osnabrück, Seiten 61 (1–4); 62 (1)

Reif Bauunternehmung GmbH & Co. KG, Seite 78 (2)

Remmers Baustofftechnik GmbH, Löningen, Seite 101 (5, 7)

Reuters, Thomson, New York, www.pictures.reuters.com, Seite 84 (3) Arnd Wiegmann

RSM Heitfeld Putz- und Bautechnik Vertriebs- und Beratungs-GmbH, Spicher Straße 40, 53844 Troisdorf, Phone: +49 2241 2640-11, Seite 59 (1, 2)

Saint Gobain Rigips GmbH, Düsseldorf, Seiten 63 (12); 65 (1–8)

SAINT-GOBAIN ISOVER G+H AG, Ladenburg, Seite 74 (1)

Schmidt, Eckhard, Kappeln, Seite 42 (1–4)

Schuster GmbH VEINAL® Bauchemie, Welden, Seite 101 (1, 3)

Schweibold, Joseph, Oberhaid – Unterhaid, Seite 35 (5)

Sopro Bauchemie GmbH, Wiesbaden, Seite 102 (2)

Sto AG, Villach, Seite 59 (3)

stock.adobe.com, Seiten 45 (2) kobra78; 63 (8) FG; 83 (7) puje; 90 (4) Tupungato; 103 (1) crimson; 107 (1) helmutvogler, (6) sichkarenko_com

Teppich Lehmann GmbH, Hamburg, Seite 72 (5)

The Port Authority of New York and New Jersey, Seite 83 (4)

TPH-Bausysteme GmbH, Norderstedt, Seite 86 (4)

Weissenhofmuseum im Haus Le Corbusier; Feunde der Weissenhofsiedlung e. V., Stuttgart, Seite 98 (4)

Wilhelm Layher GmbH & Co.KG, Güglingen, Seite 3 (3)

www.123rf.com, Seite 71(1) Serghei Starus

www.commons.wikimedia.org, Seiten 45 (1) böhringer friedrich; 83 (5) Ingo2802; 93 (3) Lokilech; 96 (1) Ireas; 98 (1) Evergreen68, (3) Mr Hyde; 106 (1, 5) Lokilech

www.morguefile.com, Seite 83 (2)

www.wikipedia.de, Seiten 17 (2) Sonaz; 83 (5) Ingo2802; 89 (4, 10) Hannes Grobe; 90 (3) Roll-Stone, (4) Siim Sepp, (5) Roll-Stone; 94 (3–5) Sansculotte; 95 (2) High Contrast; 96 (2) Andreas Praefcke; 97 (1) Manfred Brückels, (2–4) Schaengel; 98 (2) Mewes, (5) Andreas Praefcke; 103 (7) Sascha Pöschl; 106 (2) High Contrast, (3, 6) Netopyr, (8) bodokleck-sel, (10) Nikanos, (12) Manfred Brückels, (13) Josh von Staudach

Xella Deutschland GmbH, Duisburg, Seite 1 (3)

Züll, Reiner, Kall, Seite 79 (2)

ZZ Wancor / Wienerberger, Hannover, Seite 75 (1, 2)